中国高铁出版工程——运营管理系列
江西省教育厅科学技术研究项目重点项目资助（GJJ200605）

高速铁路客流时变需求预测研究

魏堂建 ◎ 著

西南交通大学出版社
·成 都·

图书在版编目（CIP）数据

高速铁路客流时变需求预测研究 / 魏堂建著. —成都：西南交通大学出版社，2020.12
ISBN 978-7-5643-7881-3

Ⅰ. ①高… Ⅱ. ①魏… Ⅲ. ①高速铁路 – 客流 – 运输需求 – 预测 – 研究 Ⅳ. ①U293.13

中国版本图书馆 CIP 数据核字（2020）第 244577 号

Gaosu Tielu Keliu Shibian Xuqiu Yuce Yanjiu
高速铁路客流时变需求预测研究

魏堂建 / 著

责任编辑／穆　丰
助理编辑／宋浩田
封面设计／曹天擎

西南交通大学出版社出版发行

（四川省成都市金牛区二环路北一段 111 号西南交通大学创新大厦 21 楼　610031）

发行部电话：028-87600564　028-87600533

网址：http://www.xnjdcbs.com

印刷：四川煤田地质制图印刷厂

成品尺寸　170 mm×230 mm
印张　10.25　　字数　230 千
版次　2020 年 12 月第 1 版　　印次　2020 年 12 月第 1 次

书号　ISBN 978-7-5643-7881-3
定价　68.00 元

图书如有印装质量问题　本社负责退换
版权所有　盗版必究　举报电话：028-87600562

前　言

　　旅客出行需求的相关信息是编制列车开行方案、优化票额分配和制订售票计划等运输组织优化和收益管理的基本输入数据。随着高铁网络化运营进程的推进，铁路的运输能力得到了极大提升，旅客对于高铁所提供的运输服务也有了进一步的要求：在出行需求总量得到满足的前提条件下，同时希望自身的出行需求得到及时响应，即满足高铁旅客的时变需求。于是，精准预测高铁客流时变需求是编制高质量的运输计划和制定科学管理决策，进而保证高铁服务质量和提高运营效率的基本前提。

　　本书针对如何获取高铁客流时变需求这一问题进行理论研究。根据高铁客流时变需求的特点，将其分解为时变需求分布估计和日客流量预测两个子问题。针对时变需求分布估计问题，分别设计了基于客流量的高铁旅客时变需求分布逆分配估计法和基于购票记录的最大熵估计模型。针对日客流量预测问题，设计了适用于中期预测的双层平行小波神经网络模型。本书编写过程中的主要工作和本书的创新点如下：

　　（1）对高铁客流时变需求预测问题进行了剖析。提出获取高铁客流时变需求需要解决的核心问题是时变需求分布估计和高铁日客流量预测；其中，前者需要解决的核心问题是如何消除列车运行图、列车能力、票价费用等因素对高铁旅客出行选择的影响，以获得一天内高铁旅客在运营时间段的出行需求分布；而后者需要解决的核心问题是如何保证在进行中期日客流量预测（120天左右）时预测精度。

　　（2）设计了基于客流量的时变需求分布逆分配估计方法。模拟高铁旅客购票选择过程，以任意有效乘车方案能力利用饱和或车票售罄（简称能力饱和）为分界点，将O-D间的整个购票过程划分为若干购票阶段。提出了优于关系链模型，体现各个乘车方案之间的能力饱和顺序；然后结合最长优于关系链，提出了两种典型的乘车方案饱和情况，并基于这两种典型情况分别设计了单购票阶段逆向分配估计法和多购票阶段逆向分配估计法，通过算例测试和参数灵敏度分析验证了方法的有效性。

（3）建立了基于购票操作数据的时变需求分布最大熵估计模型。从铁路售票系统中提取信息来构建旅客购票操作链和预售期各时刻的可用乘车方案集，结合这两者信息，并利用屋顶模型设计了推算旅客期望出行时间范围的方法，然后，基于各旅客的期望出行时间范围，建立了时变需求最大熵估计模型并设计了对应的求解算法，并且通过算例一展示了算法计算详细过程，再通过算例二检验了最大熵估计算法的精度和有效性。

（4）提出了高铁旅客日客流量中期预测方法。在对历史数据特征进行分析的基础上，构建了高铁旅客日客流量预测的 DLP-WNN 双层平行小波神经网络模型。其原理是通过综合两个平行的小波神经网络的输出结果来获得预测输出，该方法既可以延续近期日客流量的总体趋势，又体现了不同日期（特别是节假日）之间的需求量的差异，以此保证进行中期预测（120 天左右）的精度，并且通过京沪高铁中四种不同出行距离的典型 O-D 进行日客流量预测，验证和评价了所提出的预测模型。

全书由魏堂建撰写，研究生韩忠贵、秦昙和陶乐风负责了部分图表的编辑工作，本科生黄生辉、刘妍、苗菁菁对参考文献和附录进行了更新和整理。中南大学博士生导师史峰教授对本书的出版提出了宝贵的指导意见，在此表示衷心感谢；同时感谢中南大学李夏苗教授、符卓教授、王璞教授、邓连波教授、秦进教授和徐光明副教授积极推动本书的出版；感谢华东交通大学交通运输与物流学院的领导及同事在作者编写本书过程中提供的帮助和支持。

鉴于作者水平有限，书中难免存在疏漏之处，敬请各位同行专家学者批评指正，以使该书得到不断完善，为高速铁路的发展尽献绵薄之力。

魏堂建
2020 年 10 月于华东交通大学孔目湖畔

目　录

第1章　绪　论 ·· 1
　1.1　研究背景 ··· 1
　1.2　研究意义 ··· 2
　1.3　研究思路 ··· 5
　1.4　研究内容 ··· 6
　1.5　小　结 ·· 8

第2章　国内外文献综述 ··· 9
　2.1　时变需求分布估计国内外研究 ··· 9
　2.2　旅客日客流量预测国内外研究 ······································· 16
　2.3　小　结 ·· 18

第3章　高速铁路旅客时变需求预测问题分析 ··························· 19
　3.1　时变需求分布估计问题分析 ·· 19
　3.2　日客流量预测问题分析 ·· 24
　3.3　小　结 ·· 24

第4章　旅客购票选择过程及客流分配屋顶模型 ······················· 25
　4.1　屋顶模型和有效乘车方案集 ·· 25
　4.2　有效乘车方案吸流区间 ·· 28
　4.3　旅客购票选择过程及购票阶段划分 ································ 29
　4.4　小　结 ·· 30

第5章　时变需求分布逆向分配估计法 ····································· 31
　5.1　逆分配估计法原理 ··· 31
　5.2　单购票阶段逆向分配估计法 ·· 38

5.3 多购票阶段逆向分配估计法 ·· 49
5.4 有效性检验 ·· 59
5.5 小　结 ··· 60

第 6 章　时变需求分布最大熵估计法 ······································ 62
6.1 当前可用乘车方案集及购票操作链 ·································· 62
6.2 旅客期望出行时间范围推算 ··· 65
6.3 时变需求分布最大熵估计 ·· 74
6.4 算例分析一 ·· 80
6.5 算例分析二 ·· 90
6.6 小　结 ··· 99

第 7 章　高速铁路日客流量中期预测 ····································· 100
7.1 旅客日客流量特征提取 ··· 100
7.2 预测模型及方法 ··· 108
7.3 算例分析 ·· 115
7.4 小　结 ·· 125

第 8 章　结论与展望 ·· 126

参考文献 ··· 129

附　录 ··· 139
　　附录 1　BJ—CZ 各种预测方法结果对比表 ························· 139
　　附录 2　BJ—QF 各种预测方法结果对比表 ························· 144
　　附录 3　BJ—NJ 各种预测方法结果对比表 ························· 149
　　附录 4　BJ—SH 各种预测方法结果对比表 ························· 154

第 1 章 绪 论

1.1 研究背景

铁路运输是中国综合运输体系中的骨干成员和主要运输方式之一，其在推进社会经济发展中起到至关重要的作用。高速铁路是在普通铁路基础上的进步和突破，"高速"是一个相对的概念，目前国际铁路联盟（International Union of Railways，UIC）关于高速铁路的定义为：新建线路设计速度达到 250 km/h 及以上，或者既有线经过升级改造（直线化、轨距标准化）的设计速度达到或者超过 200 km/h 的铁路[1]属于高速铁路。中国国家铁路局关于高速铁路的定义为：列车开行速度在 250 km/h 以上的新建铁路线，以及初期运营速度不小于 200 km/h 的铁路客运专线都属于高速铁路[2]。

进入 21 世纪后，我国的高速铁路发展迅速。自 2002 年建成第一条秦沈客运专线以来，又相继于 2008 年建设运营了 350 km/h 的京津城际、250 km/h 的合宁高铁以及于 2009 年建设运营的 350 km/h 的武广高铁等。目前，中国的"四纵四横"高速铁路网络已经基本建设完成并投入运营。2018 年，中国铁路全年完成旅客运输 33.7 亿人次，比上年增长 9.4%，完成旅客运输周转量 14 146.6 亿人公里，比上年增长 5.1%[3]。截至 2018 年年底，中国铁路的营业里程达到了 13.1 万公里，其中高速铁路营业里程为 2.9 万公里以上，位居世界第一，且超过世界高速铁路总里程的三分之二[4]。

在过去十余年间，中国铁路改革发展成效显著，基础设施建设持续加快，运输能力大幅提升，服务水平明显提高。同时，为了满足快速增长的旅客运输需求，2016 年中国发布的《中长期铁路网规划》[5]和 2017

年发布的《铁路"十三五"发展规划》[6]中都指出,我国将在目前"四纵四横"高速铁路骨架网络的基础上,规划构建"八纵八横"高速铁路主通道网络,如图 1-1 所示。2020 年,中国的铁路网规模将达到 15 万公里,其中高速铁路 3 万公里以上,覆盖 80% 以上的大城市;到 2025 年,铁路网规模达到 17.5 万公里左右,其中高速铁路达到 3.8 万公里左右[3]。

图 1-1　中国高速铁路"八纵八横"规划图(请扫码观看原图)

上述规划建成的现代高速铁路网将连接中国的主要城市群,基本连接省会城市和其他 50 万以上人口的大中城市,形成以特大城市为中心覆盖全国、以省会城市为支点覆盖周边的高速铁路网。同时,为了让旅客的出行更为便捷,预计将实现动车组列车承担旅客运量占比达到 65%;北京至大部分省会城市实现 2～8 h 通达、相邻大中城市间 1～4 h 通达的高速铁路交通圈和主要城市群内 0.5～2 h 通达的高铁交通圈[5]。高速铁路将为旅客提供更加安全可靠、优质高效和舒适便捷的运输服务。

1.2　研究意义

高速铁路与其他运输方式相对比较,具有运行速度快、旅行总时间短、安全性能高、运送旅客能力大、节能减排、对环境污染小、全天候运行、受气候影响因素小、正点率高、乘坐舒适、经济效益高等特点[7-8],随着我国高速铁路网络的形成,网络化、高速度、高密度等全新运营模式正在改变人们的出行方式。

对于铁路客运部门来说,制定运输计划和进行日常的铁路运输生产活动的主要目标是尽可能地满足旅客出行需求。在传统普速铁路线路上，由于列车速度低并且旅客列车和货物列车混跑以至于线路能力紧张，导致开行的旅客列车数量受到限制，使其在列车开行方案制定和运行图编制时，都是以尽可能地满足铁路网络上各个 O-D 站点间每天的旅客出行需求量为目标[9-12]。然而，高速铁路由于列车速度得到提高，线路的运输能力得到极大提升，于是高铁线路上就可以开行更多的列车，例如，北京与上海这两个城市之间的距离约为 1 300 km，在 2006 年两者之间还未开通高铁列车时，北京至上海的普通铁路的服务频率是每天约 10 趟列车；而随着高速铁路的建成并投入运营，比如在 2019 年，北京和上海这两个城市之间的高铁服务频率是每天约 42 趟列车（通过网址 https://www.12306.cn 查得）。随着高铁线路运输能力的提升，高铁 O-D 间输送旅客的能力相对普通铁路来说提高了很多，原本铁路运输能力不足的状况几乎很少再出现（个别节假日除外），渐渐地，整个社会对于高铁所提供的旅客运输服务又有了新的要求，不再仅仅关注于每天的出行需求量是否得到满足，更加强调对能否便捷地出行等的关注。例如，是否在自己期望的出发时间点有列车开行从而不用给自己带来过多的等待时间或者被迫进行出发时间的调整。于是，越来越多的高速铁路研究学者[13-18]提出在编制高铁列车运行计划时，要尽可能地满足高速铁路客流的时变需求，以最大限度地提升高铁服务质量。

高速铁路客流时变需求包括以下两个方面的内容：

（1）高铁 O-D 间一天内的旅客时变需求分布；

（2）高铁 O-D 间时变的日客流需求量（以下简称时变日客流量）。

在上述两方面内容中，高速铁路 O-D 间一天内的旅客时变需求分布（以下简称时变需求分布）是指：在高铁 O-D 间，一天运营时段内不同时间点的旅客出行需求量是不同的，于是旅客出行需求量关于该天运营时间的分布曲线就是该 O-D 的时变需求分布；而高速铁路 O-D 间时变的日客流量是指该 O-D 间的客流需求量会随着日期的变化而波动。例如在不同的工作日、周末或者节假日，O-D 间的日客流量是存在波动差异的。另外，更加广义的时变需求应该还包括以月或者年为观测角度的客流需求量变化情况，它们通常是高铁线网规划（例如"铁路'十三五'规划"或"中长期铁路网规划"）时的基础输入数据，而本书所考虑的旅客时变需求主要是针对高铁运营层面的，所以仅仅考虑一天内的时变需求分布和一段时期内不同日之间的时变客流量就足够了。

近年来，为了更加适应旅客运输市场，我国高铁实行了"动态"的列车开行方案，采用"按流开车"和"一日一图"的运输组织形式，即针对高铁旅客时变需求，采用动态的运输计划来提升运输服务质量。从高速铁路运输供需市场的角度进行分析可以知道，运营管理部门可以根据 O-D 间的日客流量变化情况确定动态的高铁列车日开行频率/数量，并根据 O-D 间的时变需求分布来确定该 O-D 间一天内高铁列车的发车间隔/时刻，以此来尽可能地满足旅客的出行需求，提升高速铁路的服务水平。

在上述"按流开车""一日一图"运输组织模式和满足时变需求的列车运行计划编制过程中，高铁客流时变需求是作为输入数据被使用的，因此如何获取高铁客流的时变需求就变成了一个关键的基础性问题。

传统的获得旅客出行需求数据的方式通常是采用 O-D 调查或者应用需求量预测的相关方法来完成，但是调查方法工作量巨大、持续时间长、成本高、数据的有效时间短、难于多次重复并且精度不一定有保证，显然不能用在时变需求预测上面。同时，当前的需求量预测方法绝大多数都是短期预测技术，这个短期通常是指输入数据接下来的 1 期、1 天或者 1 步，但这种方法无法直接用于列车运行计划编制时的需求预测。因为当前我国车票预售期是 30 天，即从当天开始之后 30 天的运输计划都已经确定且提供了车票供旅客购买，于是在编制新的列车开行方案和编制列车运行图等运输计划时，就至少需要考虑 30 天之后的旅客需求情况。另外，一套列车运行计划的使用"服役"时间至少有 2~3 个月，显然短期预测技术无法有效地对未来 120 天这种时间长度的日客流量进行准确的预测。另外，对于 O-D 间的时变需求分布，当前几乎没有可以直接利用的方法来进行有效估计。

于是，开展如何获取高铁客流的时变需求这个问题的研究就显得尤为必要。

本书致力于高铁客流时变需求预测理论研究。首先，将研究问题拆分为高速铁路 O-D 间的时变需求分布估计和日客流需求量预测这两个子问题；其次，针对时变需求分布估计问题，分别提出了逆向分配估计法和最大熵估计法；最后，对于 O-D 间日客流量预测问题，提出了适合于中期（120 天）预测的双层平行小波神经网络预测法。通过上述相关时变需求预测方法的提出，为高速铁路的运输计划编制和决策管理提供更加精准的数据支持。

1.3　研究思路

高速铁路客流时变需求数据是编制高铁运输计划，进行日常运输组织管理的重要输入数据，时变需求预测数据的质量会直接影响到铁路运输计划的编制效果，进而影响铁路服务水平质量和运营效益。我们大体按照如下思路进行高铁客流时变需求预测研究。

第一，根据高速铁路旅客时变需求的内涵，将问题分解为高铁旅客时变需求分布估计和日客流量预测这两个子问题，针对这两个问题各自的特征，分别设计相应的求解方法。

第二，铁路售票系统为进行高铁旅客时变需求预测和估计提供了重要的数据来源。铁路售票系统不仅记录了旅客选择高铁列车时的原始购票操作信息，同时还记录了所有旅客对于各个高铁列车的选择结果，即各个列车的客流量，通过对这些信息进行提取，可以为我们的问题分析提供重要的基础数据和信息。

第三，通过推算各个旅客的期望出行时间范围，来估计高铁客流的时变需求分布。在进行时变需求分布估计时，并不是去确定每一个旅客的精确期望出行时间点，而是通过各个旅客所选择的出行列车，去逆向推算他们各自的出行时间范围，在此基础上去估计时变需求分布。

第四，分别采用模拟方式和提取旅客购票操作信息的方式来分别得到 O-D 间所有高速铁路旅客对于各个列车的购票选择顺序，据此推断出依次购票的各个旅客的期望出行时间范围，然后结合逆分配原理和最大熵模型去进行时变需求分布估计。

第五，高速铁路旅客日客流量预测方法需要具备进行中期（120 天）预测操作的能力。将预测模型设计为双层平行神经网络，第一层网络主要体现近期若干天的日客流量对当前的日客流量影响，第二层网络体现预测日当天的时间属性和节假日属性对于该天日客流量的影响，综合两个网络的输出以预测当前的日客流需求量。由于第二层网络中预测期每天的时间属性信息和节假日属性信息都可以提前确定，从而保证了进行中期日客流需求量预测的精度。

1.4 研究内容

本书研究高速铁路客流时变需求预测方法。本书首先讨论和分析时变需求预测这个问题的核心内涵，将其分解为时变需求分布估计和日客流量预测两个子问题分别进行研究；其次针对高铁旅客时变需求分布估计问题，分析基于屋顶模型的旅客购票选择过程；再次，分别采用模拟旅客购票的思路和利用历史购票数据信息的思路，设计时变需求分布逆向分配估计法和最大熵估计法；最后，针对高铁旅客日客流量预测问题，根据历史数据，获得高铁日出行需求变化规律和特点，并构建适合中期预测的日客流需求量预测模型。

本书的研究内容结构如图 1-2 所示，具体的研究内容如下：

第 1 章为绪论。该章首先分析了本书的研究背景以及研究意义，然后介绍了书的主要研究思路和研究内容。

第 2 章为国内外文献综述，分别对旅客日客流量预测和时变需求分布估计这两个方面进行国内外论文研究综述分析。

第 3 章为时变需求预测和估计问题分析。该章首先将研究内容分解为高铁日客流量预测问题和高铁旅客时变需求分布估计问题；然后，针对时变需求分布估计问题，其需要解决的核心问题是如何消除列车运行图、列车能力、票价费用等因素对高铁旅客出行选择的影响，以获得旅客的出行需求分布；最后对于日客流量预测问题，提出其需要解决的核心问题——如何在进行连续多天的日客流量预测时保证预测精度。

第 4 章为旅客购票选择过程及客流分配屋顶模型。这一章主要介绍屋顶模型的原理以及通过该模型所能够得到的有效乘车方案及其对应的吸流区间。通过屋顶模型可以刻画高铁旅客的出行购票选择过程，为后续的时变需求分布估计奠定基础。

第 5 章为时变需求分布的逆向分配估计法。该章首先介绍逆向分配估计法的原理及基本操作步骤；然后提出优于关系链来体现乘车方案之间的能力饱和顺序，并基于此提出两种典型的乘车方案能力饱和情况；其次，各结合一种典型情况分别设计单购票阶段逆向分配估计法和多购票阶段逆向分配估计法，并各自进行算例分析和灵敏度分析；最后，在该章末尾还会对上述两种方法进行有效性检验。

第 6 章为时变需求分布的最大熵估计法。该章从铁路售票系统中提取的旅客购票操作信息来进行高铁旅客时变需求分布估计。首先将每个旅客的购票操作行为构建成该旅客的购票操作链，并提出基于屋顶模型的旅客期望出行时间范围推算算法；其次，基于各个旅客的期望出行时间范围，建立时变需求最大熵估计模型并设计对应的求解算法；再次，通过算例一展示求解旅客期望出行时间范围和估计时变需求分布的具体计算过程和结果；最后再通过算例二来展示所提出的算法的估计精度。

第 7 章为高速铁路日客流中期预测。这一章首先基于历史数据，对高铁旅客的日客流量进行特征分析，并获得影响日客流量的日期属性和节假日属性；其次构建日客流量预测的双层平行小波神经网络模型，模型以预测型的近期日客流量数据为子网络 1 的输入；最后以确定型的预测期各天的时间属性值和节假日属性值为子网络 2 的输入，综合两个子网络以获得整个预测输出，就既可以延续日客流量趋势又体现不同日期之间的需求量差异，以此保证预测精度。

最后的内容为结论及展望。这一部分主要是归纳和总结本书的主要工作和创新点，并对未来的相关扩展研究做介绍。

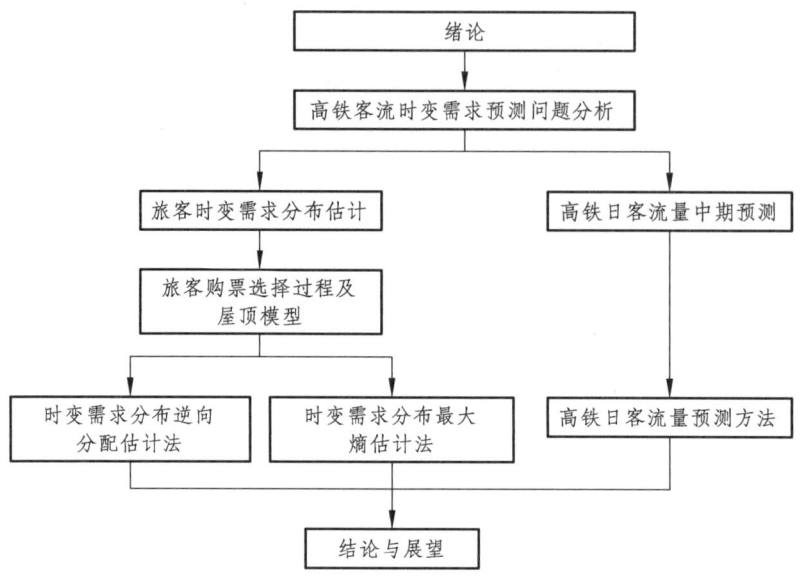

图 1-2　本书内容结构安排

1.5　小　结

本章从研究背景入手，介绍了当前我国的高铁运输情况，并通过研究意义这一节引入了高速铁路旅客时变需求的两个方面的内涵，即高速铁路 O-D 间一天内的旅客时变需求分布和高铁 O-D 间时变的日客流量，然后在后两节介绍了本文的主要研究思路、研究内容和研究结构等。

第 2 章 国内外文献综述

通过第 1 章的分析可以知道,高速铁路旅客的时变需求预测包括 O-D 间时变需求分布估计和日客流量预测两个方面的内容。下面分别就这两个问题的国内外研究现状进行分析。

2.1 时变需求分布估计国内外研究

目前国内外学者对于高速铁路旅客在一天内的时变需求分布估计的研究涉及较少,而在过去的几十年,国内外相关学者对于交通领域时变需求估计或预测的研究主要集中在航空动态需求预测、道路网络动态 O-D 估计/反推、城市轨道交通和公交网络时变 O-D 估计这几个方面,下面分别围绕这几个方面进行介绍和分析。

1. 航空动态需求预测

在航空运输领域,运输市场中多家航空公司之间存在相互竞争,旅客为了使得自身的出行成本最低会在不同的航空公司之间进行出行选择,于是各个航空公司根据自身特点针对运输市场进行收益管理。收益管理的目标就是"将合适的席位以合适的价格出售给合适的消费者"[19],而在进行收益管理时,精确的旅客需求预测是其分析决策的核心输入内容[20]。

航空领域对于动态需求的预测主要基于历史购票数据。航空购票数据分析的一个核心任务就是利用受约束的历史购票数据(censored historical booking data)来估计不同价格类型下的旅客需求量[21]。历史购票数据是受约束的数据,是因为在旅客购票过程中,一旦达到了一个系统设定的购票限制,后续旅客再次购票将会被拒绝,而这些拒绝的需求是无法记录在售票系统中的[20, 22]。Weatherford and Pölt(2002)[20]，McGill(1995)[23]，Mukhopadhyay 等人（2007）[24]和 Ratliff 等人（2008）[25]设计了一系列的方法来估计不受约束的航空旅客需求。另外，由于不同航空公式之间的竞争激烈，各个航空公司为了促进机票的销售，通常会根据一周内的不同售票日期和航班的具体出发日期来设定不同的机票价格。因此，航空公司的机票价格是同提前购票时间相关的。旅客通常不会立刻购买他们的机票，而是可能选择等待一段时间以使得他们在购票的时候获得一定的价格折扣[40]。Wen、Chen(2017)[26]和 Chiou、Liu[27-28]使用购票数据分析了航空旅客的提前购票行为。Wen、Chen[26]的研究结果表明，低价格会促进机票的购票量，同时，不同消费等级的旅客存在各自的购票时间偏好：一些出行者习惯于更早地购票，他们是价格敏感型消费者。Chiou、Liu[27-28]的研究结果表明，提前购票时间和机票价格、机票的不确定性、一天中的不同时间点、一周中的不同天、一年中的不同月份以及连续的节假日等因素相关。Diego[29]使用公布价格和销售量的原始数据来估计航空旅客的动态需求。他们发现随着出发时间的临近，消费者对价格变得更加敏感，这与低估值消费者和活跃消费者数量的增加一致。

  国内关于航空动态需求量预测方面，杨柳青（2009）[30]提出了一种基于集成的经验模态分解（EEMD）的预测方法，即首先将原始的基于时间序列的需求量分解为几个独立的子序列，然后再利用差分自回归移动平均（ARIMA）模型和支持向量机（SVM）模型对各个分量分别进行预测，最后用适当的方法对各个分量的预测值进行整合得到最终预测结果。同样沿着对数据分解的思路，梁小珍等人（2017）[31]针对航空客运量预测问题，设计了基于奇异谱分析的集成预测（SSA-WA）模型，即首先对数据进行 SSA 分解重构，接着利用 SVR、Holt-Winters（HW）和 ARIMA 模型分别对各分解数据进行预测，随后整合，获得三种预测模型结果，再基于它们进行加权平均集成（WA）整合以获得最终输出。演克武[32]在 2010 年对航空航线旅客需求预测问题进行分析，通过支持向量机回归算法与线性回归算法同人工神经网络算法进行效果对比，提出了基于支持向量机回归算法的航线旅客需求预测方法。王哲（2015）[33]对中美航空旅客运输需求量预测问题进行分析，采用多种需求影响因素结合，利用熵权法对各种影响因子做权重分析，构建需求预测的系统动力学模型，并利用 Vensim 软件进行模拟仿真以预测旅客需求。李霞（2018）[34]对于中欧航线市场需求预测问题进行分析时，首先利用因子分析法对需求影响因素进行综合提取，然后采用灰色 GM（1，1）模型进行需求预测并利用 Markov 模型对预测结果进行修正。

然而，高铁时变需求分布估计问题与航空的动态需求预测问题是有差异的。航空公司的票价在预售期间动态变化，票价与乘客的需求量和提前购买时间相关联。航空动态需求预测的主要目的是在细分市场中获得预售期内不同票价对应的需求量。然而，高铁运输市场是一个垄断型市场，高铁旅客在进行出行选择时，不用考虑选择哪家高铁公司的问题，主要考虑选择具体的列车车次问题即可。在高铁车票的预售期内，车票价格是固定不变的。因此，在高铁系统的时变需求分布估计问题中，不需要考虑票价变化对需求的影响，旅客以成功购买车票的形式确定自身的出行，同时进行 O-D 间的时变需求分布估计主要是为了获取需求量相对时间的分布曲线，而航空动态需求预测主要是预测在不同时间不同票价下的旅客需求量。

2. 道路动态需求估计

道路动态需求估计主要是进行动态 O-D 矩阵估计，动态 O-D 矩阵反映了各个 O-D 对间各个时间段内时变的旅客出行需求量。国外对于动态 O-D 矩阵估计的研究中，一种常见的方法是通过自回归过程（K. Ashok，M. E. Ben-Akiva，（2000）[35]；M. Bierlaire，F. Crittin，（2004）[36]）来描述出行需求的动态演化过程；沿着这个思路，Xuesong Zhou and Hani S. Mahmassani.（2007）[37]提出了利用多项式拟合方法来捕捉需求的演化过程。而 Vittorio Marzano 等（2009）[38]和 Ennio Cascetta 等（2013）[39]为了提高未知数/方程的比例，提出一种准动态（qussi-dynamic）估计方法；Djukic，Tamara 等（2012）[40]通过应用主成分分析来降低估计问题的维数。另外一种研究思路是将动态 OD 矩阵估计问题构建成一个双层优化模型，例如 Tavana（2001）[41]提出了一个广义最小二乘法（GLS）的双层规划模型，其中上层是一个广义最小二乘法模型，下层模型是一个动态交通分配（DTA）问题；Zhou 等（2003）[42]和 Zhou and Mahmassani（2006）[43]分别利用多天的交通计数（traffic counts）数据和车辆自动识别（automated vehicle identification，AVI）数据扩展了双层动态 OD 估计方法；Lu 等（2013）[44]通过将动态交通分配（DTA）用一个 gap 方程进行描述，构建了一个在拥挤交通状态下基于路径流量的单层模型来求解动态 O-D 需求估计问题。另外，对于道路动态需求估计问题，研究学者们不仅仅只是注重一天内的需求变化情况，day-to-day 的动态需求也受到了较大关注，例如 Xuesong Zhou and Hani S. Mahmassani.（2007）[37]基于 Kalman Filter 构建了 day-to-day 的需求动态演化过程；Martin L. Hazelton.（2008）[45]运用统计估计理论来估计 day-to-day 的动态 O-D 需求；Hu Shao 等（2014）[46]通过利用 day-to-day 的交通计数数据来估计高峰小时需求期望和协方差变动情况。

  国内关于道路交通动态需求估计的研究，从研究内容上可以分为高速公路动态 O-D 矩阵估计和城市动态 O-D 矩阵估计这两方面的内容，比如文献[47]—[52]都是针对高速公路的动态 O-D 矩阵估计问题进行研究；而文献[53]—[69]都是对城市动态 O-D 矩阵估计进行分析。同时，国内很多学者尝试从不同渠道获取相关数据来进行动态 O-D 估计，例如李俊卫等人（2008，2009）[50-51]根据入口匝道和主干道流量的时间序列数据，来对快速路动态 O-D 矩阵估计问题进行分析；赵慧等（2009，2010）[58-59]利用微波检测器（Remote Traffic Microwave Sensor，RTMS）的固定源数据和浮动车移动源数据对城市动态 O-D 估计问题进行了分析；王京（2012）[60]则利用手机定位数据进行先验 O-D 信息采集来估计动态 O-D 矩阵；刁阳等（2011，2012）[61-62]以及聂庆慧（2017）[67]利用路段检测流量数据和交叉口流量数据来对动态 O-D 估计问题进行分析；孙剑和冯羽（2013）[63]则是利用车辆的自动识别（AVI）数据进行动态 O-D 矩阵估计；周旭（2015）[64]、李明亮（2017）[66]和杨小丽（2018）[68]等人都是利用射频（RFID）技术获取数据以构建动态 O-D 估计模型；而郭晗（2018）[69]则利用实时检测的车辆行驶轨迹数据和车牌识别系统检测的车辆牌照信息来估计动态 O-D 矩阵。

  另外，在道路动态 O-D 估计模型和计算方法方面，林勇等（2003；2004）[47][55]构建了动态 O-D 矩阵估计的广义最小二乘法模型，常云涛（2009）[52]在考虑高速公路上交通流在运行实际过程中运行时间和车队离散的影响下，构建了基于最小二乘法的高速公路动态 O-D 估计模型。

  陈森发等（2003）[53]通过对比分析构建了城市道路动态 O-D 矩阵

估计问题的极大熵模型；李杰等（2006）[57]结合微观交通仿真技术和交通信号机监控系统，提出了基于极大熵的动态 O-D 估计算法；周旭（2015）[64]利用射频（RFID）技术获取先验 O-D 矩阵，建立基于拉格朗日乘子的极大熵动态 O-D 矩阵估计模型；李明亮（2017）[66]则是基于极大熵理论构建了道路网络的动态 O-D 矩阵估计模型，然后应用了拉格朗日乘子法和牛顿下山法进行求解。

同时，林勇等（2003）[54]建立了动态 O-D 矩阵估计的状态空间模型，并采用扩大状态变量设计了 O-D 估计的 Kalman Filter 算法；李俊卫等人（2008，2009）[50-51]则用含有约束条件的无迹卡尔曼滤波（Unscented Kalman Filter, UKF）算法对动态 O-D 矩阵估计进行求解；刁阳等（2011，2012）[61-62]通过联合路段检测流量数据和交叉口检查流量数据建立状态空间模型，提出了基于卡尔曼滤波的迭代预测方法，并提出基于 Transmodeler 仿真技术的分配矩阵估计法和误差方差估计公式来进行参数估计以提高动态 O-D 估计和预测精度；江竹等（2016）[65]基于卡尔曼滤波理论和多项式趋势模型定义状态变量，并由此提出了实时动态 O-D 矩阵估计的多项式趋势滤波算法；聂庆慧（2017）[67]利用路段流量数据和交叉口转向交通流量数据，利用仿真技术和 Kalman Filter 算法，提出了考虑交通传播特性的城市道路网动态 O-D 估计方法；杨小丽（2018）[68]利用偏差思想来构建系统状态向量，并以此建立状态方程和测量方程关系式，然后利用动态交通分配的思想构建了动态 O-D 估计 Kalman Filter 模型。另外，王京（2012）[60]在考虑交通管理者与交通出行者之间作用关系的前提下，利用斯坦伯格博弈理论设计了一种动态 O-D 需求估计的遗传禁忌求解算法。

然而，高速铁路时变需求分布估计问题与上述道路交通动态 O-D 估计问题存在一定差异。由于高铁严格按照运行图（时刻表）运行，O-D 间的列车运行路径、途经停站及停站时间等都是固定不变的，旅客在选择高铁出行时，实际出行时间必然会被运行图中的列车出发时间所离散化，因此在估计高铁旅客时变需求时，就必须考虑到运行图的影响；而道路交通的出行者是不受这种影响的，他们只是根据自己的实际出行需求选择合适的出行时间和出行路径。另外，由于高铁是以天为周期按照时刻表运行的，因此就只需要分析一天内的（Within-day）时变需求特征，即一天内的时变需求分布即可。

3. 城市公共交通动态需求估计

在城市公共交通（Transit network）网络中，地铁列车和公交车辆也都是按照各自固定的线路并遵循列车/车辆时刻表运行的。Zhao 等（2007）[70]和 Wang 等（2011）[71]通过从自动收费（Automatic Fare Collection，AFC）系统中提取各个停站的上车人数，并应用出行链的方法推算各个旅客的下车站以此来估计城市公共交通网络的旅客 O-D 需求。Li（2009）[72]基于各个停站的上车人数和下车人数数据，构建了基于 Markov 链的城市公共交通网络 O-D 矩阵估计模型，并利用贝叶斯分析的方法来推导相关参数。由于城市公共交通网络都是基于时刻表运行的，通过自动收费（AFC）系统可以获得旅客的到站或者上车时刻，于是根据这些数据所计算得到的 O-D 矩阵就是带时间属性的，Wong and Tong（1998）[73]基于时刻表运行的城市公共交通网络数据，采用了最大熵方法来估计时变 O-D 矩阵，该方法在香港地铁时变 O-D 矩阵估计应用中取得了较好效果。Yao 等（2015）[74]根据从地铁自动收费（AFC）系统中提取各个车站的进、出站客流，在 K. Ashok, M. E. Ben-Akiva,（2000）[35]和 Xuesong Zhou and Hani S. Mahmassani.（2007）[37]等人的研究基础上构建了状态-空间模型，并利用 Extended Kalman Filtering 方法对地铁的时变 O-D 需求矩阵进行了求解。

在国内关于城市公共交通动态 OD 估计研究方面，姚向明等人[75]在 2015 年结合轨道交通运输系统特征，从地铁自动收费（AFC）系统中得到了 O-D 间的旅客行程时间分布特征并建立了客流到达系数，并以车站客流分离率为状态变量构建结构化 O-D 矩阵估计状态空间模型，同时设计了基于 Kalman Filter 算法的短时 O-D 客流估计方法以解决大规模轨道交通网络短时客流在线估计问题。刘洋（2017）[76]则是基于状态空间模型，并且考虑状态变量的等式和不等式约束条件，以均方误差最小为优化目标，建立了基于约束 Kalman Filter 方法的城市轨道交通动态 O-D 估计修正模型。陈志杰等人（2017）[77]则是在状态空间模型基础上，以不同时间尺度下的进站客流分流率为状态变量，构建了城市轨道交通短时 O-D 估计的多模型组合方法，然后利用 Kalman Filter 算法，设计交互多模型算法加权融合不同时间尺度下的分流率估计结果。

另外，姚向明等（2016）[78]从另外一个角度来估计城市轨道交通动态 O-D 矩阵，其通过对地铁自动收费（AFC）系统数据进分析，得到历史客流与当前客流在连续时间段内所具有的分布结构内在关联，再引入滑动平均策略来有效利用多个连续时段的客流信息，并且基于最小二乘方法建立了滑动平均策略下的动态 O-D 矩阵估计模型。蒋熙等（2018）[79]将机器学习方法与递归贝叶斯法相互结合，将 O-D 客流历史动态变化规律和实际观测数据特征综合利用，其在准时 AFC 系统数据接入条件下，构建了基于长短时记忆网络（Long Short Term Memory Network，LSTM）的客流 O-D 状态转移模型和嵌入 LSTM 的客流 O-D 递归贝叶斯估计模型，以此来分析城市轨道交通的动态 O-D 估计问题。

对于道路交通网络的出行者，由于他们可以自由地选择自身的出行时间，于是他们的实际出行时间就可以视作他们的期望出行时间；对于城市公共交通网络，地铁列车或者公交车辆的发车频率比较高，旅客的上车时刻或者是进站时刻就可以近似地认为是他们的期望出行时间（Wang 等 2015[80]；Shi 等 2017[81]）。

然而，本书所研究对象的高铁网络面向的是城际间的旅客出行，高铁网络的旅客选择行为和航空运输、道路交通以及城市公共交通出行者都不一样，因此，高铁旅客客流时变需求分布估计问题也会和上述的相关研究不同。

在高速铁路旅客时变需求分布估计问题中，有以下几个核心问题需要关注：

（1）高速铁路旅客的出行选择时受列车运行图约束。由于运行图的影响，高铁旅客购票出行时，实际出发时刻和自己的期望出发时刻并不一定匹配。

（2）高速铁路旅客出行选择时受严格的能力约束。由于高铁旅客必须提前购票才能出行，且高铁列车一般是不允许有站票或者只有少量的站票，因此旅客只有在购票成功的情况下，才能够享受高铁出行，于是旅客可能会为了能够选择到自己理想的出行时间列车或者座位而提前足够的时间购票，所以不同于城市公共交通中的"先到先服务"原则，高铁系统是"先购票先服务"原则。于是，在严格的列车能力约束条件下旅客所购票选择的列车并不一定是他的期望列车，进而实际出发时刻也会和自己的期望出发时刻有差。

（3）铁路售票系统为分析时变需求提供了重要信息。售票系统记录了高铁 O-D 间各个列车的客流量，同时每位旅客订票的历史数据（订票、退票或者改签等）也同样被记录下来了，于是，相对于城市公共交通或者道路交通来说，高铁售票系统中的信息有助于我们进行高铁时变需求分布估计。

综上所述，我们并不能直接将航空需求估计、道路动态 O-D 估计和公交动态需求估计方法直接应用于高铁时变需求分布估计问题，我们需要针对高铁旅客的出行选择特点，设计对应的方法来估计高铁旅客时变需求分布。

2.2 旅客日客流量预测国内外研究

旅客的日客流量预测结果主要是收益管理或者运输计划编制的输入数据。国外相关学者的研究中，Tsung-Hsien Tsai 等（2009）[82]针对铁路客运短期需求预测问题，分别设计了多时间单元神经网络（multiple temporal units neural network，MTUNN）和并行集成神经网络（parallel ensemble neural network，PENN）来对台湾地区的高速铁路旅客需求进行预测，并与传统神经网络预测结果对比，发现取得了较大的效果提升。Yu Wei and Mu-Chen Chen（2012）[83]结合经验模态分解（empirical mode decomposition，EMD）和反向传播神经网络（back-propagation neural networks，BPN），设计了混合 EMD-BPN 预测方法来进行地铁系统的短期客流预测。沿着这种思路，Xiushan Jiang 等（2014）[84]结合集合经验模态分解（ensemble empirical mode decomposition，EEMD）和灰色支持向量机（grey support vector machine，GSVM）开发了一种混合短期客流预测方法来分别对短距离、中等距离和长距离的高铁客流进行预测。另外，Maria Borjesson（2014）[85]利用弹性系数法，结合高铁和航空实际数据，对长距离的高铁客流进行了预测；Lijuan Liu 等（2017）[86]则是利用自动编码器（autoencoder）在无需任何标签的前提下可以深度抽象提取输入数据中的非线性特征，设计了基于深度神经网络（deep neural network，DNN）的客流预测方法。Jérémy Roos 等（2017）[87]针对数据不完整的情况，提出基于贝叶斯网络的短期交通预测方法，其主要通过期望最大算法来学习模型的结构和参数。Yang Liu 等（2019）[88]设计了一种基于数据时空特征的深度学习架构，该构架结构能够将外部环境因素、时间依赖性、空间特性和地铁运营属性等考虑进去以进行地铁的短期客流预测。

国内方面，王艳辉等（2004）[89]在分析铁路客票数据特征的基础上，通过对铁路客票数据进行分段处理，提出基于分段模糊的 BP 神经网络对铁路客流进行预测。王卓等（2005）[90]在对 1980～1998 年的铁路客流量数据进行归一化处理后，建立了相对于标准 BP 神经网络来说预测精度更高的时间序列改进 BP 神经网络模型，以此来对铁路客流量进行预测。汪健雄等（2010）[91]通过提取铁路旅客发送量统计数据中的日趋势特征、日周期性特征、月趋势特征、月周期性特征、黄金周-小长假特征和春运-暑运特征，并根据 Gram-Schmidt 正交化定理构建了双层次正交神经网络模型，该模型包括用于独立处理客运量日数据的子网络 1 和独立处理月数据的子网络 2，通过将 2 个子网络的输出经过合成得到最终的客运量预测结果。豆飞等（2014）[92]在确定相邻时段之间客流变化率的基础上，将客流变化率划分为 8 个不同的等级，依据等级划分结果模糊化客流变化率，并基于这些模糊值的时序关系，构建了预测客运专线模糊 k 近邻客流预测模型。王晚香等（2019）[93]采用灰色关联法分析并找出影响铁路客流的主要因素，然后基于此建立回归预测模型对我国铁路客流进行了短期预测。杨军和侯忠生（2013）[94]利用离散 1 维 Daub4 小波分析法对某时间段的原始客流时间序列数据进行分解，再以分解得到的高频分量和低频分量为样本数据对最小二乘支持向量机进行训练，接着分别进行预测后再利用 Daub4 小波分析法对预测输出进行数据重构，从而得到预测结果。进一步的，史峰等（2019）[95]针对高速铁路日常客流量预测问题，首先利用数据替补修正技术消除节假日因素的影响，然后再融合变分模态分解（VMD）、遗传算法（GA）和 BP 神经网络，提出了利用 VMD-GA-BP 预测方法来对高铁的日常客流量进行短期预测并获得了较好的效果。

上述相关研究有一个共同的特点，就是都只针对短期的 1 天或若干天客流量进行预测，然而，在实际高铁运输过程中，除了短期客流量预测之外，时间跨度范围更大的客流量预测也有着重要的应用价值：例如我国高铁采用提前预定车票的运输组织形式，当需要调整运输计划，制订新的旅客列车开行方案及其对应列车运行图时，就至少要提前考虑 1

个车票预售期（30天）之后的旅客日客流需求量情况；同时，新制定的列车开行方案及其列车运行图"服役"时间至少是未来的 2~3 个月（60~90 天），在这段时间内，因为工作日、周末、节假日以及其他一些因素的影响，高铁旅客的日客流需求量会出现逐日波动的情况，为了让新制订的旅客列车开行方案和列车运行图等运输计划能够适应旅客需求，就需要提前对其"服役"时间内的旅客日客流需求量进行预测。于是，进行更大时间跨度范围的日客流需求量预测就显得尤为必要。因此，本文提出了针对时间跨度为 120 天的高铁旅客日客流量中期预测方法，来为高铁运营管理部门制定运输计划提供数据支持。

2.3　小　结

本章首先针对时变需求分布估计问题，分别从航空动态需求预测、道路动态需求估计和城市公共交通动态需求估计这三个方面对比分析了国内外的研究现状，并分别指出了其与高速铁路客流时变需求分布估计的差异；然后针对高速铁路旅客日客流量预测子问题，分析了对应的国内外文献研究状况，为后续内容的研究分析打下基础。

第 3 章　高速铁路旅客时变需求预测问题分析

本章对高速铁路旅客的时变需求预测问题进行理论研究,从而为制订高铁运输计划和运营决策等提供技术支持。通过前面的分析可以知道,高速铁路客流时变需求预测问题可以分解为时变需求分布估计和日客流量预测这两个子问题,接下来分别就这两个子问题进行分析。

3.1　时变需求分布估计问题分析

当前不同国家的高速铁路所采用的旅客运输组织方式存在一定差异,这导致高铁旅客时变需求分布估计的问题不一样。例如在日本,高铁系统所售车票包含确定席（Reserved seats）和非确定席（Non-reserved seats）两种类型。旅客持某 O-D 间的非确定席车票就可以在该车票上面标记的允许乘车时间段内选择任意列车乘车。图 3-1 分别展示了非确定席车票和确定席车票,非确定席车票（见图 3-1b）上面标记了乘车区间且有 2 日的有效期,旅客持该票就可以在 2 日内乘坐运行于该区间的任意一趟列车。于是基于非确定席的这种自由选择情况,就无法保证各个列车区段的售票量和列车上的实际客流量准确对应;在这种情况下,由于并不能确定持非确定席车票的旅客最终会选择哪个列车出行,因此各个列车上的客流量数据就无法通过统计售票量的方式获得。同时,旅客如果提前预定车票,或者预定往返车票以及团体购票都能够享受一定的折扣。因此,票价的折扣波动也会对高铁旅客的出行选择产生影响。

（a）日本新干线确定席车票

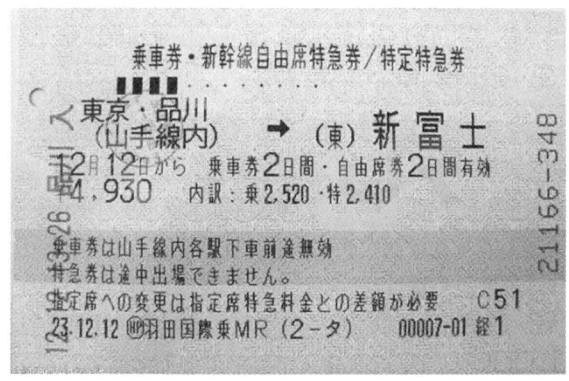

（b）日本新干线非确定席车票

图 3-1　日本新干线车票

而在另外一些国家，包括我国高速铁路采用提前购票且严格按照票面信息乘车的运输组织方式。高铁旅客必须提前持有效的身份证件（身份证或者护照）购买车票，购票时，必须选定具体的车次和席别（即使是购买无座票，也需要选定具体车次）、且严格按照车票上的车次号和席位号乘车，于是通过铁路售票系统（Railway Ticketing System）所记录的售票数据就能够直接统计出高铁 O-D 间各个列车的客流量，将各列车客流量汇总便得到了该 O-D 间的客流量；同时，我国车票价格在整个预售期通常都是固定的，并不会因为提前购票、团体大量规模购票或者一人多次购票而进行折扣。

第 3 章 高速铁路旅客时变需求预测问题分析

本章研究的是我国这种旅客运输组织模式下的高铁旅客时变需求分布估计问题：所有旅客必须提前购票，而且按照车票上面的车次号和席位号乘车，也就是说，售票数据统计的列车流量和实际情况是一致的，而且车票的价格在整个预售期内是固定的（购票时间和车票价格不相关）。

虽然在我国这种旅客运输组织模式下，高速铁路各 O-D 间旅客的实际出发时间和每个列车的客流量都可以从售票系统中提取获得，同时结合列车运行图和路网信息，就可以得到任意高铁 O-D 对间每天的实际旅客出行量、出行时间、出行车次和出行路径等信息，这些信息客观地反映了在当前高铁列车开行时间、开行数量等情况下旅客的选择结果；但是若直接用这些数据来表达高铁旅客时变需求分布是有一定局限的，下面用如下一个例子来具体说明。

表 3-1 描述了 2015 年 12 月 1 日南昌—福州开行的高速列车信息及对应的旅客人数，图 3-2 是南昌—福州的高速铁路线路图，图 3-3 是南昌—福州间在该天各个出发时刻的旅客人数，结合这几个图表，可以得到如下相关信息。

表 3-1 南昌—福州 2015 年 12 月 1 日高铁列车信息表

列车	路径	发车时刻	旅行时间/min	票价/元	旅客人数
D6501	路径 1	6:48	217	160.5	65
D3303	路径 2	7:07	216	160.5	12
D6503	路径 1	7:51	237	160.5	96
G1692	路径 3	10:10	183	263	8
D6505	路径 1	10:27	230	160.5	162
D3262	路径 2	11:33	224	160.5	41
G5908	路径 3	12:58	185	263	19
D6507	路径 1	13:45	205	160.5	283
D6509	路径 2	14:50	218	160.5	99
D295	路径 1	15:10	219	160.5	29
G1686	路径 3	15:16	192	263	8
D2602	路径 2	18:38	219	160.5	47
D2228	路径 2	18:49	223	160.5	29
D6511	路径 1	19:15	217	160.5	105
D2244	路径 2	19:37	205	160.5	26

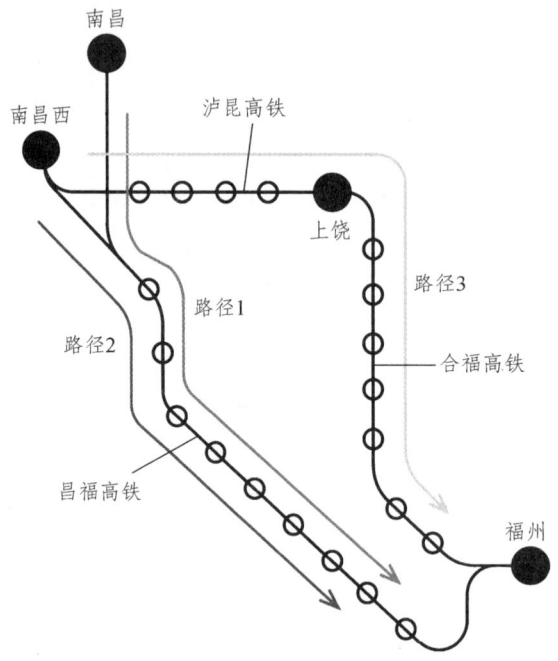

图 3-2 南昌—福州高速铁路线路图

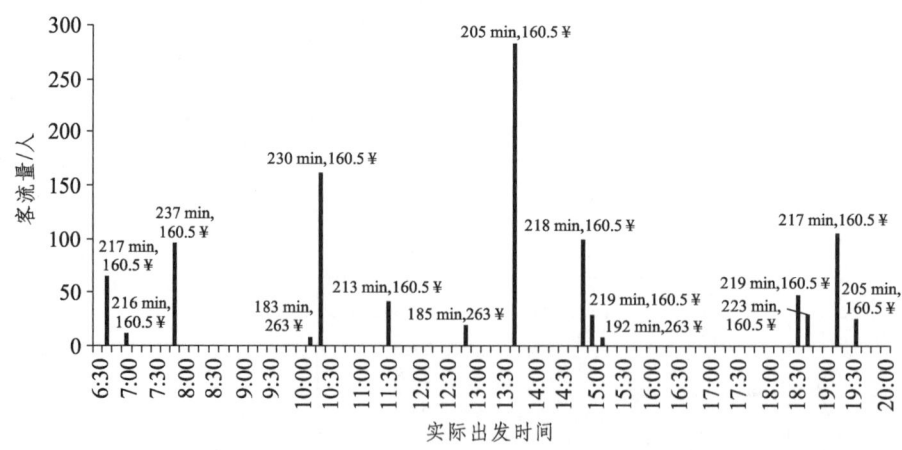

图 3-3 南昌—福州 2015 年 12 月 1 日各个出发时刻旅客数量图

（1）因列车运行图的约束，离散的发车点客流量无法完整表达出连续的旅客时变需求分布。

由于高速列车的发车时刻是离散的，导致统计得到的各个时刻的客流量也对应是离散的，如图 3-3 所示，而在当天的其他没有列车出发的时间点，就自然无法获得旅客出行需求量，但这并不代表在这些时刻就没有旅客出行需求，例如，在早上 7:52—10:09 这个时间段，通过售票数据统计得到这个时段的客流量为 0，但是这并不意味着这个时间段就没有任何旅客出行需求，很大可能是因为在这个时间段由于没有列车从南昌开往福州，导致旅客被迫将自己的期望出行时间进行调整。

（2）不同列车客流量的差异并不是仅仅体现了这些时刻的旅客需求量差异，同时也是列车能力、旅行时间和票价等综合影响下的旅客选择结果。

结合表 3-1 和图 3-3 可以看出，南昌和福州这两个城市之间，有 15 趟高速列车行驶在 3 条不同的线路上，路径 1 和路径 2 的票价费用都是 160.5 元，共有 12 趟时速 250 km 的 D 型列车；而路径 3 的票价费用是 263 元，共有 3 趟时速 300 km 的 G 型列车，它们的旅行时间分别为 183 min、185 min 和 192 min。从这些信息可以看出，决定某趟列车最终的客流量大小并不只是列车的出发时刻，其他一些因素比如旅行时间、票价和列车能力等同样也会对旅客的购票选择产生影响。例如在早上 10:10 时列车 G1692 从南昌出发至福州，其旅行时间为 183 min，票价是 263 元，有 8 位旅客最终选择了该趟列车出行；对比与这趟车发车时刻非常接近的另外一趟 D6505 列车，其发车时刻为早上 10:27，旅行时间和票价分别是 230 min 和 160.5 元，最终有 162 位旅客选择了这趟列车。可以看出在 10:27 的旅客实际出行量 162 远远大于 10:10 的出行量，这不仅仅是由于两个列车出发时刻的不同产生了旅客购票量的差异，更大的可能性是列车 D6505 的 160.5 元、230 min 的乘车方案因为费用相对于列车 G1692 的 263 元、183 min 更有吸引力，所以期望将出行时间选择在这两个发车点附近的旅客更多地选择了列车 D6505 出行。

综上，高铁旅客时变需求分布估计问题可以描述为：已知高铁 O-D 对间某天内各列车客流量、发车时刻、旅行时间和票价费用，估计 O-D 对在该天运营时间范围内的旅客时变需求分布。

另外需要注意的是，本章所关注的旅客时变需求是针对期望出发时间。如果列车的出行时间是固定的（不考虑延误和不确定因素），基于出发的时变需求可以直接转化为基于到达的时变需求；然而，如果考虑延误或者不确定因素，那么两者是不能直接转化的，这个部分的问题我们将在未来进行研究。

3.2 日客流量预测问题分析

在高速铁路的运营管理过程中，为了使得预测结果数据能够应用于高铁列车开行方案和列车运行图等运输计划的编制中，本文考虑进行中期高速铁路的日客流量预测。根据我国的铁路旅客运输市场特点，当前铁路车票的预售期为30天，也就是说，从当前至未来的30天的旅客运输计划都已经确定，旅客可以提前针对这些列车进行购票，所以在编制新的运输计划时，就至少要考虑30天之后的旅客需求情况。同时，我国铁路一般会在每年的春运开始、春运结束、暑运开始和暑运结束等几个时间点调整旅客列车运行图，也就是说，一套运输计划的"服役"时间大概是3个月左右；综上，为了使得本文的日客流量预测数据能够为制定运输计划等高铁运营管理决策服务，本文将中期预测的天数设定为120天。

中期预测与长期预测、短期预测相比，有其自身的特点和挑战难点。与长期预测相比较，由于高铁O-D间的人口数量、GDP总量以及土地利用情况等因素在中期时间范围内不太可能会有明显的变化，所以它显然无法像长期客流量预测方法那样去利用上述因素进行客流量的变化分析预测；而相对于短期客流量预测而言，中期预测的预测天数（步数）远多于短期预测，进行中期预测时会随着预测天数增加而出现误差累积现象，使得后续的预测效果下降，这也是本论文所要解决的关键问题之一。

本文通过从高铁售票系统中提取O-D间的历史客流量数据和对这些历史数据进行特征分析，来提取相应因素，再基于这些提取因素以及日客流量的总体趋势去进行日客流量的中期预测。于是高铁旅客日客流量中期预测问题可以描述为：已知某高铁O-D间历史日客流量，需要连续预测接下来的120天的日客流量。

3.3 小　结

本章分别从时变需求分布估计和日客流量预测这两个方面对高速铁路旅客时变需求预测问题进行了分析。3.1节主要分析了时变需求分布估计是基于O-D间的各列车流量、发车时刻、旅行时间和票价费用来估计旅客出行需求量在一天运营时段内的分布曲线。3.2节则主要分析了日客流量预测问题主要是基于高铁O-D间的历史数据来进行中期日客流量预测。

第 4 章 旅客购票选择过程及客流分配屋顶模型

接下来的第 4~6 章，我们主要分析高铁旅客时变需求分布估计问题。由于高铁旅客的出行选择主要是通过购票来实现的，因此我们要先分析旅客的购票过程，再基于该过程来估计旅客时变需求分布。本章将分析高铁旅客的购票选择过程。

由于中国高速铁路采用的是提前购票的运输组织方式，旅客必须提前购买高铁车票、且严格按照车票上的车次及席位号乘车，于是高铁旅客在购票完成的瞬间就确定了自身的乘车方案，接下来再基于如下假设原则来分析和模拟旅客的购票选择行为。

假设 A1：所有高铁旅客具有相同的时间价值，即高铁旅客具有同质性，暂时不考虑多类旅客的情况。

假设 A2：每个旅客在购票选择时以最小出行费用原则选择乘车方案购票出行，即各个旅客都是理性消费者。

假设 A3：各个高铁 O-D 间的车票价格在整个车票预售期内是固定不变的，即旅客购票时间和票价是相互独立的。

假设 A4：旅客在同等席位之间自由选择列车出行，暂时不考虑多类席别的情况。

4.1 屋顶模型和有效乘车方案集

记高铁 O-D 对 (r,s) 间的乘车方案集合为 P_{rs}，对于任意乘车方案 $p_{rs}^k \in P_{rs}$，它包括旅客从车站 r 至车站 s 所选择的一种列车和换乘站点的组合。记乘车方案 p_{rs}^k 的车票费用为 f_{rs}^k；从车站 r 至车站 s 的旅行时间

为 d_{rs}^k。在假设条件 A1 的情况下,记高铁旅客出行时的平均单位时间费用率为 α;于是 p_{rs}^k 的乘车方案费用 $c_{rs}^k = \alpha \cdot d_{rs}^k + f_{rs}^k$。另外,记 p_{rs}^k 的客流量为 q_{rs}^k,它的数值可以从铁路售票系统(RTS)中提取获得。

在高铁 O-D 对 (r,s) 间的运营时间范围 $[T_{rs}^0, T_{rs}^1]$ 内,对于任意期望出行时间为 $x \in [T_{rs}^0, T_{rs}^1]$ 的旅客,如果在时刻 x 没有从车站 r 至 s 的列车出发或者这位旅客在购票时该列车的车票已经售罄,则该旅客需要调整自己的出发时间,选择一个合适的乘车方案,此时会因期望出行时间和实际出行时间偏离而产生一个费用,我们将该费用记为期望出行时间调整费用。这里借鉴 Douglas N.J.[97] 的屋顶模型(rooftop model)思想来描述旅客的购票选择过程。在假设条件 A1—A4 情况下,记旅客提前或者推迟自己期望出行时间的单位时间费用为 θ,并记 (r,s) 间任意乘车方案 $p_{rs}^k \in P_{rs}$ 在车站 r 的发车时刻为 t_{rs}^k,于是该旅客选择乘车方案 p_{rs}^k 的期望出行时间调整费用为 $\theta|x - t_{rs}^k|$,所以该旅客的出行费用就应该是上述期望出行时间调整费用与乘车方案 p_{rs}^k 的费用 c_{rs}^k 之和,即 $\theta|x - t_{rs}^k| + c_{rs}^k$。因此,基于假设 A1—A4,对于期望出行时间为 x 的旅客,其以自身最小出行费用为原则所选择的最优乘车方案可以用式(4-1)表示。

$$p_{rs}(x) = \arg\min\{\theta|x - t_{rs}^k| + c_{rs}^k \mid p_{rs}^k \in P_{rs}^A\} \quad (r,s) \in RS, x \in [T_{rs}^0, T_{rs}^1] \quad (4\text{-}1)$$

式中,$P_{rs}^A \subseteq P_{rs}$ 表示在该旅客购票时 O-D 对 (r,s) 间有车票剩余的当前可用乘车方案集合。

需要注意的是,求解上述式(4-1)时可能会得到不止 1 个的乘车方案,于是定义有效乘车方案集 $\overline{P}_{rs} \subseteq P_{rs}^A \subseteq P_{rs}$,其表示任意 $x \in [T_{rs}^0, T_{rs}^1]$ 按照式(4-1)计算所得到的所有乘车方案,即

$$\overline{P}_{rs} = \{p_{rs}(x), x \in [T_{rs}^0, T_{rs}^1]\}, \quad (r,s) \in RS \quad (4\text{-}2)$$

对于某一个可用乘车方案 $p_{rs}^k \in P_{rs}^A$,若其对于其他任意的可用乘车方案 $p_{rs}^{k'} \in P_{rs}^A, p_{rs}^{k'} \neq p_{rs}^k$ 都满足式(4-3),则该乘车方案为有效乘车方案,即 $p_{rs}^k \in \overline{P}_{rs}$;否则,$p_{rs}^k \notin \overline{P}_{rs}$。于是,可以利用式(4-3)来计算获得有效乘车方案集 $\overline{P}_{rs}$。

$$c_{rs}^k \leq \theta|t_{rs}^{k'} - t_{rs}^k| + c_{rs}^{k'}, \quad (r,s) \in RS \quad (4\text{-}3)$$

对 $\overline{P}_{rs}$ 中各有效乘车方案按照其从车站 r 的出发时刻来进行排序,可以得到 $\overline{P}_{rs} = \{\overline{p}_{rs}^1, \overline{p}_{rs}^2, \cdots, \overline{p}_{rs}^i, \cdots, \overline{p}_{rs}^I\}$,满足 $t_{rs}^{i-1} \leq t_{rg}^i, 1 < i \leq I$;于是在 O-D 对

(r,s) 间，期望出行时间在 $[T_{rs}^0, T_{rs}^1]$ 内的所有旅客当前都将只针对各有效乘车方案 $\bar{p}_{rs}^i \in \bar{P}_{rs}, 1 \leq i \leq I$ 购票出行。

一个关于上述屋顶模型的例子如图 4-1 所示：对于给定 O-D 对 (r,s) 间的 6 个乘车方案 $p_{rs}^1, p_{rs}^2, \cdots, p_{rs}^6$，它们对应的发车时刻分别为 $t_{rs}^1, t_{rs}^2, \cdots, t_{rs}^6$；6 个乘车方案所对应的乘车方案费用分别为 $c_{rs}^1, c_{rs}^2, \cdots, c_{rs}^6$，其在图 4-1 中分别用乘车方案所对应的黑色实线高度表示。对于期望出行时间在 $[T_{rs}^0, T_{rs}^1]$ 内的所有旅客，他们因为调整期望出行时间而选择各个乘车方案所带来的费用增加是通过图 4-1 中的红色虚线来表示的，这些虚线的斜率是 $-\theta$ 或者 θ。基于假设 A1—A4，根据式（4-3）所计算出来的当前有效乘车方案集 $\bar{P}_{rs} = \{p_{rs}^1, p_{rs}^4, p_{rs}^6\}$。也就是说，当前对于所有期望出行时间点的旅客，他们只会针对 $\bar{P}_{rs}$ 中的各个有效乘车方案购票，以此来保证他们的出行费用最小，而乘车方案 p_{rs}^2、p_{rs}^3 和 p_{rs}^5 由于费用较高而暂时不会有旅客购票选择。例如，若某个旅客的期望出行时间是 t_{rs}^2，那么该旅客只会购买乘车方案 p_{rs}^1 所对应的车票而不会选择 p_{rs}^2，因为对于该旅客来说，虽然乘车方案 p_{rs}^2 距离他/她的期望出行时间更近，但是选择乘车方案 p_{rs}^1 比选择乘车方案 p_{rs}^2 的出行费用更低。

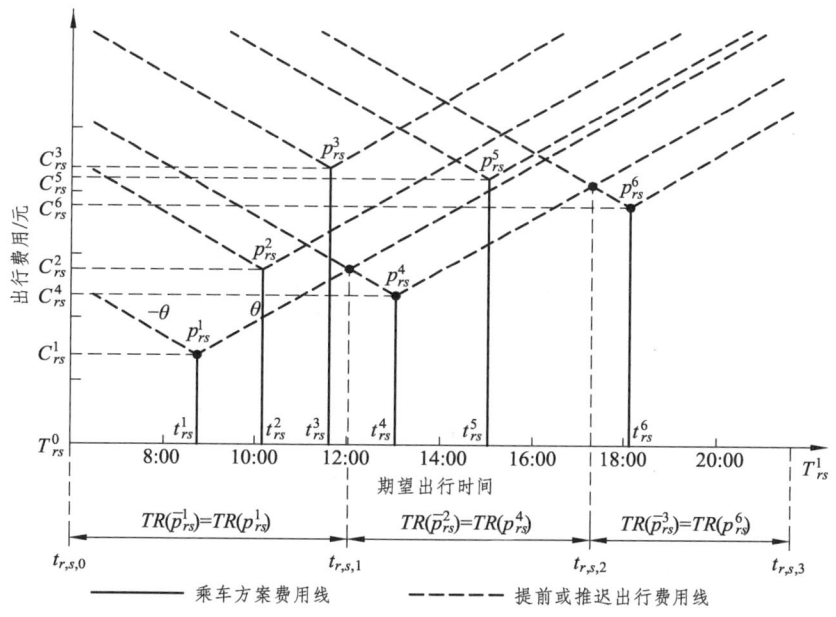

图 4-1 有效乘车方案及其吸流区间图

4.2 有效乘车方案吸流区间

在上述分析中，可以看到 $\bar{P}_{rs}$ 中各个有效乘车方案将整个期望出行时间段 $[T_{rs}^0,T_{rs}^1]$ 划分为多个时间间隔；于是定义 $TR(\bar{p}_{rs}^i)=[t_{r,s,i-1},t_{r,s,i})\subset[T_{rs}^0,T_{rs}^1]$ 为有效乘车方案 $\bar{p}_{rs}^i\in\bar{P}_{rs}$ 的吸流区间，它表示旅客以自身出行费用最小为原则选择乘车方案购票时，所有期望出行时间在 $[t_{r,s,i-1},t_{r,s,i})$ 范围内的旅客将被 $\bar{p}_{rs}^i$ 吸引，他们都将只购买乘车方案 $\bar{p}_{rs}^i$ 所对应的车票，这些旅客的实际出发时间都将是 $\bar{t}_{rs}^i$。因此，$\bar{P}_{rs}$ 将 $[T_{rs}^0,T_{rs}^1]$ 划分为如下的 I 个吸流区间：

$$[t_{r,s,0},t_{r,s,1}),[t_{r,s,1},t_{r,s,2}),\cdots,[t_{r,s,i-1},t_{r,s,i}),\cdots,[t_{r,s,I-1},t_{r,s,I}) \quad (4\text{-}4)$$

对于式（4-4），时间点 $t_{r,s,i}(1\leq i\leq I-1)$ 是吸流区间 $TR(\bar{p}_{rs}^i)$ 和 $TR(\bar{p}_{rs}^{i+1})$ 的分界点。如图 4-2 所示，直线 $y=\bar{c}_{rs}^i+\theta(x-\bar{t}_{rs}^i)$ 和直线 $y=\bar{c}_{rs}^{i+1}-\theta(x-\bar{t}_{rs}^{i+1})$ 的交点所对应的横坐标为 $t_{r,s,i}$，该横坐标满足如下方程：

$$\bar{c}_{rs}^i+\theta(t_{r,s,i}-\bar{t}_{rs}^i)=\bar{c}_{rs}^{i+1}-\theta(t_{rs,i}-\bar{t}_{rs}^{i+1})$$

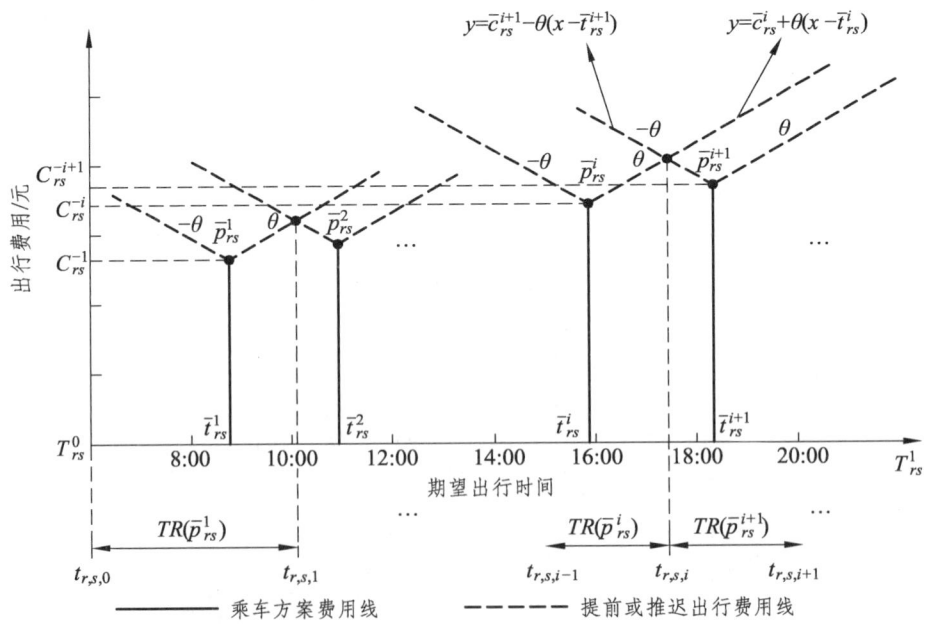

图 4-2 吸流区间 $TR(\bar{p}_{rs}^i)$ 和 $TR(\bar{p}_{rs}^{i+1})$ 的分界点示意图

于是，可以得到时间点 $t_{r,s,i}$ 的计算公式如式（4-5）所示：

$$t_{r,s,i} = \frac{1}{2\theta}(\theta\overline{t}_{rs}^{i+1} + \theta\overline{t}_{rs}^{i} + \overline{c}_{rs}^{i+1} - \overline{c}_{rs}^{i}), \quad i=1,2,\cdots,I-1, (r,s)\in RS \qquad (4\text{-}5)$$

其中，记 $t_{r,s,0} = T_{rs}^0$，$t_{r,s,I} = T_{rs}^1$。

于是，在图 4-1 所示的例子中，整个期望出行时段 $[T_{rs}^0, T_{rs}^1]$ 被当前有效乘车方案集 $\overline{P}_{rs} = \{\overline{p}_{rs}^1, \overline{p}_{rs}^2, \overline{p}_{rs}^3\} = \{p_{rs}^1, p_{rs}^4, p_{rs}^6\}$ 划分为 3 个吸流区间 $TR(\overline{p}_{rs}^{\,1}) = TR(p_{rs}^1) = [t_{r,s,0}, t_{r,s,1}]$，$TR(\overline{p}_{rs}^{\,2}) = TR(p_{rs}^4) = [t_{r,s,1}, t_{r,s,2}]$ 和 $TR(\overline{p}_{rs}^{\,3}) = TR(p_{rs}^6) = [t_{r,s,2}, t_{r,s,3}]$；若某个旅客的期望出行时间 $x \in TR(\overline{p}_{rs}^{\,i}), i=1,2,3$，则该旅客将会购买乘车方案 $\overline{p}_{rs}^{\,i}$ 所对应的车票以此来保证自己的出行费用最小。例如，若某旅客的期望出行时间是 t_{rs}^5，由于 $t_{rs}^5 \in TR(\overline{p}_{rs}^{\,2}) = TR(p_{rs}^4) = [t_{r,s,1}, t_{r,s,2}]$，故该旅客将会购买乘车方案 p_{rs}^4 所对应的车票以此保证自己的出行费用最小。

4.3　旅客购票选择过程及购票阶段划分

从上述两节的分析可以知道，高铁旅客在对 O-D 对 (r,s) 间各乘车方案进行购票选择时，将只针对 $\overline{P}_{rs} = \{\overline{p}_{rs}^1, \overline{p}_{rs}^2, \cdots, \overline{p}_{rs}^i, \cdots, \overline{p}_{rs}^I\}$ 中各有效乘车方案进行购票。于是，可以把任意有效乘车方案能力利用饱和（简称能力饱和）或车票售罄作为分界点，将高铁旅客对 O-D 对 (r,s) 的整个购票过程（ticket pre-sale period）划分为若干个购票阶段（booking phase）。于是，高铁旅客出行购票选择过程可以进行如下描述：高铁 O-D 对 (r,s) 间，所有期望出行时间在 $[T_{rs}^0, T_{rs}^1]$ 内的旅客，在当前购票阶段，将按照屋顶模型的原则针对所有当前有效乘车方案购票出行，当某一个有效乘车方案能力达到饱和时，其将无法再被旅客购票选择，于是进入下一个购票阶段，旅客继续以最小出行费用原则按照式（4-3）重新选择出新的当前有效乘车方案集，并据此购票出行，直到再出现下一个当前有效乘车方案能力饱和或车票售罄就进入下一个购票阶段，如此持续直至最后列车出发。因此，整个连续的购票过程将被有效乘车方案能力饱和时间点划分为多个离散的购票阶段，在每一个购票阶段，旅客的选择行为可以描述为屋顶模型原则下的旅客购票选择过程。

在图 4-1 所示的例子中，在购票过程的开始阶段，记为第 1 个购票阶段，根据屋顶模型的购票选择原理，即式（4-1）—（4-3），可以得到当前有效乘车方案集 $\overline{P}_{rs} = \{\overline{p}_{rs}^1, \overline{p}_{rs}^2, \overline{p}_{rs}^3\} = \{p_{rs}^1, p_{rs}^4, p_{rs}^6\}$ 以及其对应的吸流区间 $TR(\overline{p}_{rs}^1) = TR(p_{rs}^1) = [t_{rs0}, t_{rs1}]$，$TR(\overline{p}_{rs}^2) = TR(p_{rs}^4) = [t_{rs1}, t_{rs2}]$ 和 $TR(\overline{p}_{rs}^3) = TR(p_{rs}^6) = [t_{rs2}, t_{rs3}]$；期望出行时间为 $x \in TR(\overline{p}_{rs}^i), i = 1, 2, 3$ 的旅客将会购买乘车方案 $\overline{p}_{rs}^1$ 所对应的车票。随着购票的继续，当 $\overline{P}_{rs}$ 中某一个有效乘车方案的能力达到饱和时，例如 $\overline{p}_{rs}^1$ 的车票售罄，那么这个乘车方案对于旅客来说就转为不可用乘车方案了，于是有效乘车方案集将会重新按照式（3-3）计算更新为 $\overline{P}_{rs} = \{\overline{p}_{rs}^1, \overline{p}_{rs}^2, \overline{p}_{rs}^3\} = \{p_{rs}^2, p_{rs}^4, p_{rs}^6\}$，于是接下来进入了第 2 个购票阶段。在第 2 个购票阶段，整个期望出行时段 $[T_{rs}^0, T_{rs}^1]$ 将会被新的有效乘车方案集 $\overline{P}_{rs} = \{p_{rs}^2, p_{rs}^4, p_{rs}^6\}$ 划分为对应的 3 个吸流区间，然后接下来旅客针对更新后的各个有效乘车方案购票，直到再次出现某个有效乘车方案能力饱和，继而再次更新有效乘车方案集，进入下一个购票阶段，如此重复直至购票过程结束，列车出发。

4.4 小　结

本章通过引入屋顶模型的思想来描述旅客的购票选择过程。首先在 4.1 节中介绍了屋顶模型并引入了有效乘车方案集的概念。当所有旅客以自身出行费用最小为原则选择乘车方案购票出行时，将在当前可用乘车方案集合里面形成一个子集——有效乘车方案集。所有旅客都将只针对该集合中各有效乘车方案购票出行以保证自身出行费用最小，其他乘车方案因费用过高而暂时不会有旅客选择；然后在 4.2 节介绍了有效乘车方案所对应的吸流区间，其表示期望出行时间在某个乘车方案吸流区间内的旅客都将只针对该乘车方案购票出行，以此保证自身出行费用最小；最后在 4.3 节，介绍了旅客购票选择过程及购票阶段划分，为后续的高铁旅客客流时变需求分布估计奠定基础。

第 5 章　时变需求分布逆向分配估计法

正如第 4 章所描述的那样，高铁 O-D 对 (r,s) 间旅客的购票过程可以划分为若干个购票阶段，在每一个购票阶段中，旅客都只针对当前阶段的各有效乘车方案集进行购票。因此，我们可以根据这个信息并结合第 4 章的内容，设计逆向客流分配的方法来估计高铁时变需求分布。

5.1　逆分配估计法原理

5.1.1　逆分配估计法原理介绍

逆向客流分配法的原理就是将每个购票阶段各有效乘车方案所吸引的客流量逆向分配至各自对应的吸流区间内，再把所有购票阶段逆向分配到 $[T_{rs}^0, T_{rs}^1]$ 的客流量进行叠加，便获得了该 O-D 对的时变需求分布。于是，估计时变需求分布的核心问题就转化为怎样将连续的购票过程划分为离散的购票阶段，同时确定每个购票阶段内各有效乘车方案所吸引的客流量；也就是如何获得各个有效乘车方案之间的能力饱和（车票售罄）顺序，并确定在每一个购票阶段，旅客对各个有效乘车方案的具体购票量。

因此，本章我们基于 O-D 间各个乘车方案流量，采用模拟旅客购票的方式来获得有效乘车方案能力饱和信息，用以划分购票阶段并得到各个购票阶段中旅客对各有效乘车方案的购票量，以此来估计时变需求分布。

例如图 5-1 中，当前初始第 1 个购票阶段旅客将针对 $\overline{P}_{rs} = \{p_{rs}^1, p_{rs}^4, p_{rs}^6\}$ 中各有效乘车方案购票出行，随着旅客购票持续，若有效乘车方案 p_{rs}^1 能力达到饱和，则进入第 2 个购票阶段，旅客将针对该阶段有效乘车方案

集 $\overline{P}_{rs} = \{p_{rs}^2, p_{rs}^4, p_{rs}^6\}$ 中各有效乘车方案进行购票出行；当又有新的有效乘车方案能力达到饱和时，将进入第 3 个购票阶段，如此继续，直至最后列车出发。上述过程的逆过程就是按照刚才有效乘车方案饱和的顺序所划分的购票阶段进行客流逆分配：首先将旅客选择第 1 个购票各有效乘车方案 $p_{rs}^1, p_{rs}^4, p_{rs}^6$ 的客流量分别逆向分配至其对应的吸流区间 $TR(p_{rs}^i), i=1,4,6$；接着将旅客选择第 2 个购票阶段各有效乘车方案 $p_{rs}^2, p_{rs}^4, p_{rs}^6$ 的客流量分别逆向分配至其对应的吸流区间 $TR(p_{rs}^i), i=2,4,6$；然后再将旅客选择第 3 个购票阶段各有效乘车方案的客流量分别逆向分配至其对应的吸流区间，如此持续直至最后一个购票阶段的客流量都被逆向分配。

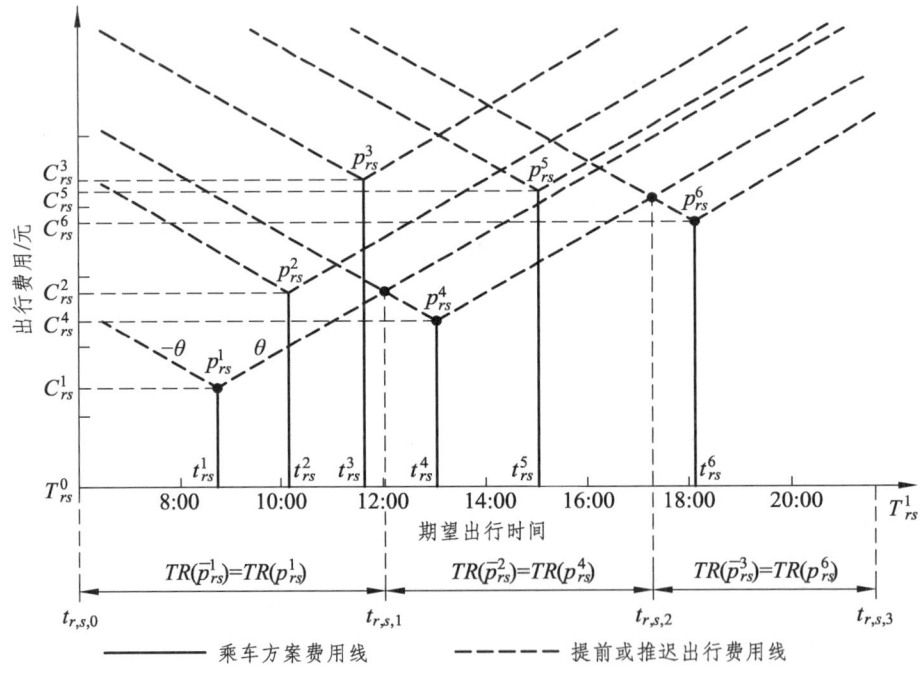

图 5-1 有效乘车方案及其吸流区间图

从上述过程可以看出，由于购票阶段的划分是以乘车方案能力饱和为分界点，不同的乘车方案能力饱和顺序将产生不同的购票阶段划分结果，有些乘车方案在其成为有效乘车方案的该购票阶段就达到能力饱和；

而有些乘车方案在成为有效乘车方案的该购票阶段可能能力没有达到饱和，而是持续在若干个购票阶段都是有效乘车方案，由此造成了问题的求解出现困难。但是，在众多有效乘车方案饱和的顺序中，我们基于假设条件 A2，旅客以最小出行费用原则选择各自的乘车方案，这样就可以确定部分乘车方案之间的能力饱和顺序。

5.1.2 优于关系链

对于高铁 O-D 对 (r,s) 间的任意乘车方案 $p_{rs}^h \in P_{rs}$，如果乘车方案 $p_{rs}^h \in P_{rs}, h \neq k$ 对于任意 $x \in [T_{rs}^0, T_{rs}^1]$ 都满足式（5-1），则基于假设条件 A1—A4 可以得到：乘车方案 p_{rs}^h 只有在乘车方案 p_{rs}^k 能力达到饱和之后才可能成为有效乘车方案，也就说由于在整个期望出行时段 $[T_{rs}^0, T_{rs}^1]$ 的所有旅客，其选择 p_{rs}^k 的出行费用都比选择 p_{rs}^h 时低，因此只有当 p_{rs}^k 的车票售罄之后，p_{rs}^h 的车票才可能被旅客所购买。

$$\theta \left| x - t_{rs}^k \right| + c_{rs}^k < \theta \left| x - t_{rs}^h \right| + c_{rs}^h \quad x \in [T_{rs}^0, T_{rs}^1], p_{rs}^k, p_{rs}^h \in P_{rs}, (r,s) \in RS \quad (5\text{-}1)$$

于是可以定义乘车方案 p_{rs}^k 和 p_{rs}^h 之间存在一个优于关系：$p_{rs}^k \prec p_{rs}^h$，即乘车方案 p_{rs}^k 优于乘车方案 p_{rs}^h。根据这个优于关系约束，可以得到旅客对于上述两个乘车方案购票时，它们之间的车票售罄顺序将是 p_{rs}^k 的车票售罄时间必定早于 p_{rs}^h。根据乘车方案出行费用的计算公式，上述公式（5-1）可以等价于式（5-2）：

$$\theta \left| t_{rs}^h - t_{rs}^k \right| + c_{rs}^k < c_{rs}^h, p_{rs}^k p_{rs}^h \in P_{rs}, (r,s) \in RS \quad (5\text{-}2)$$

利用上述公式（5-2）可以很方便地确定任意两个乘车方案之间的优于关系。同时，优于关系具有传递属性，即，若乘车方案 p_{rs}^k 和 p_{rs}^h 之间存在优于关系 $p_{rs}^k \prec p_{rs}^h$，且乘车方案 p_{rs}^h 和 p_{rs}^g 之间存在优于关系 $p_{rs}^h \prec p_{rs}^g$，则 $p_{rs}^k \prec p_{rs}^h \prec p_{rs}^g$。于是基于优于关系，可以计算得到式（5-3）：

$$p_{rs}^{k_1} \prec p_{rs}^{k_2} \cdots \prec p_{rs}^{k_n} \quad (5\text{-}3)$$

当不存在乘车方案 p_{rs}^k 满足 $p_{rs}^{k_n} \prec p_{rs}^k$，$p_{rs}^k \prec p_{rs}^{k_1}$ 或者 $p_{rs}^{k_j} \prec p_{rs}^k \prec p_{rs}^{k_{j+1}}$

($1 \leqslant j < n$)时，我们将式（5-3）视为一个优于关系链。同时，如果某个乘车方案跟其它任意乘车方案之间都没有优于关系的话，那么单独的这个乘车方案也视为一个优于关系链。因此，在高铁 O-D 对 (r,s) 间的乘车方案集 P_{rs} 中存在多个优于关系链；而所有乘车方案的能力饱和顺序是受优于关系链约束的。我们以优于关系链中乘车方案的数量表示为该优于关系链的长度，将乘车方案集 P_{rs} 中最长的优于关系链记为 L_{rs}，且其中的乘车方案集记为 P_{rs}^L，其中的乘车方案数量记为 M。为了进一步的分析时变需求分布估计问题，我们提出了如下假设：

假设 A5：所有期望出行时间的旅客购票是同步连续的且持续整个购票过程；同时，在有效乘车方案的吸流区间内，各个期望出行时间的旅客对该有效乘车方案的购票强度相等。

假设 A6：旅客对于最长优于关系链 L_{rs} 的购票将持续整个车票预售期，且整个车票预售期将只被最长优于关系链 P_{rs}^L 中的 M 个乘车方案的售票售罄顺序划分为 M 个购票阶段。

需要注意的是，基于上述假设 A5 和 A6，对于不属于 P_{rs}^L 中的乘车方案，它们的能力饱和时刻应该是和上述最长优于关系链 L_{rs} 中的 M 个有效乘车方案能力饱和时刻点中的某一个相同。例如在图 5-1 中，最长优于关系链 L_{rs} 为 $p_{rs}^1 \prec p_{rs}^2 \prec p_{rs}^3$，那么，基于假设 A1—A6，整个购票过程被 p_{rs}^1、p_{rs}^2 和 p_{rs}^3 的能力饱和时刻划分为 3 个购票阶段；对于优于关系链 p_{rs}^6，它的能力饱和时刻将会是和 p_{rs}^1、p_{rs}^2 和 p_{rs}^3 中的某一个能力饱和时刻相同，即旅客对于乘车方案 p_{rs}^6 进行购票，其车票将在第 1 个购票阶段最后时刻或者第 2 个购票阶段最后时刻、第 3 个购票阶段的最后时刻售罄。

于是，对于最长优于关系链 L_{rs} 中的任意第 $m^{th}, m=1,2,\cdots,M$ 个乘车方案，它只会在第 m 个购票阶段成为有效乘车方案，且它的能力饱和之后便进入下一个购票阶段，也就是说它的车票只会在第 m 个这一个购票阶段被旅客购买，且在该购票阶段车票售罄。而对于其他不属于 P_{rs}^L 的乘车方案，它们可能不止在一个购票阶段是有效乘车方案，即旅客对于它们的购票可能持续不止一个购票阶段。例如，在图 5-1 中，对于乘车方案 p_{rs}^6 来说，它可能不止是在第 1 个购票阶段是有效乘车方案，它的车票售罄时刻可以是第 1 个、第 2 个或者第 3 个购票阶段最后时刻中的任意一个。

对于任意乘车方案 $p_{rs}^k \in P_{rs}$，定义其可能成为有效乘车方案的最小购票阶段和最大购票阶段分别为 $\check{m}_{rs}^k$ 和 $\hat{m}_{rs}^k$。在后续文章中，为了方便表达，我们将 $\check{m}_{rs}^k$ 和 $\hat{m}_{rs}^k$ 分别简化表述为乘车方案 p_{rs}^k 的最小和最大购票阶段。那么显然，若乘车方案 $p_{rs}^k \in P_{rs}^L$，那么它只在一个购票阶段是有效乘车方案，所以它的最小购票阶段和最大购票阶段相等，即 $\check{m}_{rs}^k = \hat{m}_{rs}^k$；若 $p_{rs}^k \notin P_{rs}^L$，那么该乘车方案将可能从它的最小购票阶段 $\check{m}_{rs}^k$ 开始，至最大购票阶段 $\hat{m}_{rs}^k$ 之间（包括最大购票阶段）的任意一个购票阶段为止都是有效乘车方案。

因此，对于任意乘车方案 $p_{rs}^k \in P_{rs}$，设计算法 5.1 和算法 5.2 来分别计算其最小购票阶段 $\check{m}_{rs}^k$ 和最大购票阶段 $\hat{m}_{rs}^k$。

算法 5.1 最小购票阶段划分算法

输入 高铁 O-D 对 (r,s) 间的运营时段 $[T_{rs}^0, T_{rs}^1]$、乘车方案集 P_{rs}；任意 $p_{rs}^k \in P_{rs}$ 的乘车方案费用 c_{rs}^k 和其在车站 r 的发车时刻 t_{rs}^k；旅客调整期望出行时间的单位时间费率 θ。

输出 高铁 O-D 对 (r,s) 的购票阶段数 M；乘车方案 $p_{rs}^k \in P_{rs}$ 的最小购票阶段 $\check{m}_{rs}^k$。

开始

  对于任意 $p_{rs}^k, p_{rs}^h \in P_{rs}$，通过式（5-2）计算它们之间的优于关系；
  记 $M=0, \check{P}_{rs}(1) = \varnothing$；
  对于任意乘车方案 $p_{rs}^k \in P_{rs}$
    执行 $d^k = \left| \{p_{rs}^h \in P_{rs} \mid p_{rs}^h < p_{rs}^k\} \right|$；
    若 $d^k = 0$
      则 $\check{m}_{rs}^k = 1, \check{P}_{rs}(1) = \check{P}_{rs}(1) \cup \{p_{rs}^k\}$；
  记 $M=1, \check{P}_{rs}(2) = \varnothing$；
  若 $|P_{rs}| > \sum_{m=1}^{M} |\check{P}_{rs}(m)|$，循环执行
    开始 1

对于任意 $p_{rs}^h < p_{rs}^k, p_{rs}^k \in P_{rs} \setminus \bigcup_{m=1}^{M} \check{P}_{rs}(m), p_{rs}^h \in \check{P}_{rs}(M)$

若 $d^k = 1$

则 $\check{m}_{rs}^k = M+1, \check{P}_{rs}(M+1) = \check{P}_{rs}(M+1) \cup \{p_{rs}^k\}$；

否则

执行 $d^k = d^k - 1$；

$M = M+1$，$\check{P}_{rs}(M+1) = \varnothing$；

返回 1

结束

需要注意的是，利用上述最小购票阶段划分算法可以计算得到第 $m = 1, 2, \cdots, M$ 个购票阶段的 $\check{P}_{rs}(m) = \{p_{rs}^k | p_{rs}^k \in P_{rs}, \check{m}_{rs}^k = m\}$，于是将其表示为高铁 O-D 对 (r,s) 间 P_{rs} 的最小购票阶段乘车方案集，即 $\check{P}_{rs}(1), \check{P}_{rs}(2), \cdots, \check{P}_{rs}(M)$；它将在算法 5.2 计算乘车方案 $p_{rs}^k \in P_{rs}$ 的最大购票阶段时用到。

算法 5.2 最大购票阶段划分算法

输入 高铁 O-D 对 (r,s) 间的运营时段 $[T_{rs}^0, T_{rs}^1]$、乘车方案集 P_{rs}；任意 $p_{rs}^k \in P_{rs}$ 的乘车方案费用 c_{rs}^k 和其在车站 r 的发车时刻 t_{rs}^k；旅客调整期望出行时间的单位时间费率 θ；最小购票阶段乘车方案集 $\check{P}_{rs}(1), \check{P}_{rs}(2), \cdots, \check{P}_{rs}(M)$。

输出 乘车方案 $p_{rs}^k \in P_{rs}$ 的最大购票阶段 $\hat{m}_{rs}^k$。

开始

对于任意 $p_{rs}^k, p_{rs}^h \in P_{rs}$，通过式（5-2）计算它们之间的优于关系；

记 $\hat{P}_{rs}(1) = \varnothing$；

对于任意 $p_{rs}^k \in \check{P}_{rs}(1)$，执行 $\hat{m}_{rs}^k = 1, \hat{P}_{rs}(1) = \hat{P}_{rs}(1) \cup \{p_{rs}^k\}$；

对于 $m = 2, 3, \cdots, M$，循环执行

开始 1

记 $\hat{P}_{rs}(m) = \varnothing$；

对于任意 $p_{rs}^k \in \check{P}_{rs}(m)$

执行 $\hat{m}_{rs}^k = m, \hat{P}_{rs}(m) = \hat{P}_{rs}(m) \cup \{p_{rs}^k\}$；

对于任意 $p_{rs}^h \in \hat{P}_{rs}(m-1)$

若不存在 $p_{rs}^k \in \check{P}_{rs}(m)$，满足 $p_{rs}^h < p_{rs}^k$，

则执行 $\hat{m}_{rs}^h = m, \hat{P}_{rs}(m) = \hat{P}_{rs}(m) \bigcup \{p_{rs}^h\}$，

$\hat{P}_{rs}(m-1) = \hat{P}_{rs}(m-1) \setminus \{p_{rs}^h\}$；

返回 1

结束

同样，利用上述最大购票阶段划分算法可以计算得到第 $m = 1,2,\cdots,M$ 个购票阶段的 $\hat{P}_{rs}(m) = \{p_{rs}^k \mid p_{rs}^k \in P_{rs}, \hat{m}_{rs}^k = m\}$，于是将其表示为高铁 O-D 对 (r,s) 间 P_{rs} 的最大购票阶段乘车方案集，即 $\hat{P}_{rs}(1), \hat{P}_{rs}(2), \cdots, \hat{P}_{rs}(M)$。

最小购票阶段划分法和最大购票阶段划分法都是划分了 M 个购票阶段，其分别获得了乘车方案可能是有效乘车方案的最小和最大购票阶段序号。

按照最小购票阶段划分算法和最大购票阶段划分算法对图 5-1 中各个乘车方案进行求解，可以得到图 5-1 中的最小购票阶段乘车方案集和最大购票阶段乘车方案集如下：

$$\check{P}_{rs}(1) = \{p_{rs}^1, p_{rs}^4, p_{rr}^6\}, \quad \check{P}_{rs}(2) = \{p_{rs}^2, p_{rs}^5\}, \quad \check{P}_{rs}(3) = \{p_{rs}^3\}$$

$$\hat{P}_{rs}(1) = \{p_{rs}^1, p_{rs}^4\}, \quad \hat{P}_{rs}(2) = \{p_{rs}^2\}, \quad \hat{P}_{rs}(3) = \{p_{rs}^3, p_{rs}^5, p_{rs}^6\}$$

由于 $\check{m}_{rs}^1 = \hat{m}_{rs}^1 = 1$，$\check{m}_{rs}^4 = \hat{m}_{rs}^4 = 1$，所以 p_{rs}^1 和 p_{rs}^4 都只在第 1 个购票阶段是有效乘车方案；而 $\check{m}_{rs}^2 = \hat{m}_{rs}^2 = 2$，$\check{m}_{rs}^3 = \hat{m}_{rs}^3 = 3$，所以 p_{rs}^2 和 p_{rs}^3 分别只在第 2 个和第 3 个购票阶段是有效乘车方案；而 $\check{m}_{rs}^5 = 2, \hat{m}_{rs}^5 = 3$，所以 p_{rs}^5 可以在第 2 个购票阶段或者第 2 和第 3 购票阶段是有效乘车方案；而 $\check{m}_{rs}^6 = 1, \hat{m}_{rs}^6 = 3$，所以 p_{rs}^6 可以在第 1 个购票阶段是有效乘车方案，也可以在第 1 和第 2 购票阶段是有效乘车方案，或者在三个购票阶段都是有效乘车方案。

通过上述分析可以看到，由于部分乘车方案成为有效乘车方案可能存在多种情况，因此分别提出了如下两种典型情况来估计时变需求分布。

典型情况 1：对于任意乘车方案 $p_{rs}^k \in P_{rs}$，其都只在最小购票阶段 $\check{m}_{rs}^k$

成为有效乘车方案。

典型情况 2：对于任意乘车方案 $p_{rs}^k \in P_{rs}$，其从其最小购票阶段 $\check{m}_{rs}^k$ 至其最大购票阶段 $\hat{m}_{rs}^k$ 都成为有效乘车方案。

对于上述的任意一种典型情况，高铁旅客时变需求分布估计问题都可以描述为如下步骤：首先，将购票过程划分为若干个购票阶段，同时计算出每一个购票阶段的有效乘车方案；其次，在每一个购票阶段，利用有效乘车方案集将整个期望出行时段 $[T_{rs}^0, T_{rs}^1]$ 划分为若干个吸流区间；然后，在每一个购票阶段，将各个有效乘车方案的旅客购票量逆向分配至其对应的吸流区间来获得该购票阶段的需求分布；最后，将每个购票阶段的需求分布进行加总，就获得了整个 O-D 对的时变需求分布。

接下来，将分别基于典型情况 1 和典型情况 2 设计相应的时变需求分布估计算法。

5.2 单购票阶段逆向分配估计法

在本节，将基于典型情况 1 来设计估计时变需求分布的算法，并对其进行算例分析。

5.2.1 单购票阶段逆分配原理

根据典型情况 1，高铁 O-D 对 (r,s) 间的 P_{rs} 中所有乘车方案将在其最小购票阶段成为有效乘车方案。记 $\bar{P}_{rs}(m)$ 为第 $m = 1, 2, \cdots, M$ 个购票阶段的有效乘车方案集，于是基于假设条件 A1—A6 和典型情况 1，各个购票阶段的有效乘车方案集可以通过最小购票阶段划分算法计算得到，于是，可以得到 $\bar{P}_{rs}(1), \bar{P}_{rs}(2), \cdots, \bar{P}_{rs}(M)$，其中，$\bar{P}_{rs}(m) = \check{P}_{rs}(m), m = 1, 2, \cdots, M$。

在第 $m = 1, 2, \cdots, M$ 个购票阶段，记任意乘车方案 $\bar{p}_{rs}^i \in \bar{P}_{rs}(m)$ 的吸流区间为 $t_m(\bar{p}_{rs}^i)$；基于典型情况 1，所有乘车方案都只在其最小购票阶段是有效的，也就是它们的车票都在其最小购票阶段售罄；因此，在第 m 个购票阶段，旅客对有效乘车方案 $\bar{p}_{rs}^i$ 的购票量就等于它的客流量 $\bar{q}_{rs}^i$。

我们逆向地将乘车方案 $\bar{p}_{rs}^i$ 的购票量 $\bar{q}_{rs}^i$ 分配至其在该购票阶段对应的吸流区间 $TR_m(\bar{p}_{rs}^i)$ 中，其中，$\bar{q}_{rs}^i$ 是被均匀地分配至 $TR_m(\bar{p}_{rs}^i)$，以至于在 $TR_m(\bar{p}_{rs}^i)$ 中会形成一个如下分布：

$$Q_{rs}^i(x) = \bar{q}_{rs}^i / |TR_m(\bar{p}_{rs}^i)|, \quad x \in TR_m(\bar{p}_{rs}^i), \bar{p}_{rs}^i \in \bar{P}_{rs}(m), m = 1, 2, \cdots, M \quad (5\text{-}4)$$

其中 $|TR_m(\bar{p}_{rs}^i)| = t_{r,s,i} - t_{r,s,i-1} + 1$ 表示吸流区间的时间长度。

对于图 5-1 中的例子来说，单购票阶段逆向分配估计法可以描述为如下操作：第一步，基于假设 A1-A6 和典型情况 1，通过最小购票阶段划分算法可以得到各个购票阶段有效乘车方案集如下：

$$\bar{P}_{rs}(1) = \check{P}_{rs}(1) = \{p_{rs}^1, p_{rs}^4, p_{rs}^6\}$$

$$\bar{P}_{rs}(2) = \check{P}_{rs}(2) = \{p_{rs}^2, p_{rs}^5\}$$

$$\bar{P}_{rs}(3) = \check{P}_{rs}(3) = \{p_{rs}^3\}$$

第二步，在第 1 个购票阶段，利用公式（5-4）将该阶段有效乘车方案 p_{rs}^1、p_{rs}^4 和 p_{rs}^6 的购票量 q_{rs}^1、q_{rs}^4 和 q_{rs}^6 分别均匀分配至其对应的吸流区间 $TR_1(\bar{p}_{rs}^1) = TR_1(p_{rs}^1)$、$TR_1(\bar{p}_{rs}^2) = TR_1(p_{rs}^4)$ 和 $TR_1(\bar{p}_{rs}^3) = TR_1(p_{rs}^6)$ 中，以得到第 1 个购票阶段的出行需求分布；第三步，在第 2 个购票阶段，将该阶段有效乘车方案 q_{rs}^2 和 q_{rs}^5 的购票量 q_{rs}^2 和 q_{rs}^5 分别均匀地分配至其对应的吸流区间 $TR_2(\bar{p}_{rs}^1) = TR_2(p_{rs}^2)$ 和 $TR_2(\bar{p}_{rs}^2) = TR_2(p_{rs}^5)$ 中以获得第 2 个购票阶段的出行需求分布；第四步，在第 3 个购票阶段，将该阶段有效乘车方案 p_{rs}^3 的购票量均匀地分配至其吸流区间 $TR_3(\bar{p}_{rs}^1) = TR_3(p_{rs}^3)$ 中以获得该购票阶段的出行需求分布；最后一步，将三个购票阶段的需求分布相加，便得到了该 O-D 对的时变需求分布。

基于假设 A1—A6 和典型情况 1，使用最小购票阶段划分算法来计算得到各个购票阶段的有效乘车方案集 $\bar{P}_{rs}(1), \bar{P}_{rs}(2), \cdots, \bar{P}_{rs}(M)$；在任意第 $m = 1, 2, \cdots, M$ 个购票阶段，对于任意有效乘车方案 $\bar{p}_{rs}^i \in \bar{P}_{rs}(m)$，它的吸流区间 $TR_m(\bar{p}_{rs}^i)$ 可以通过式（4-4）和（4-5）计算获得；于是再通过式（5-4）将 p_{rs}^i 的购票量 $\bar{q}_{rs}^i$ 逆向分配至其吸流区间。综上所述，单购票阶段逆向分配估计算法的流程图如图 5-2 所示。

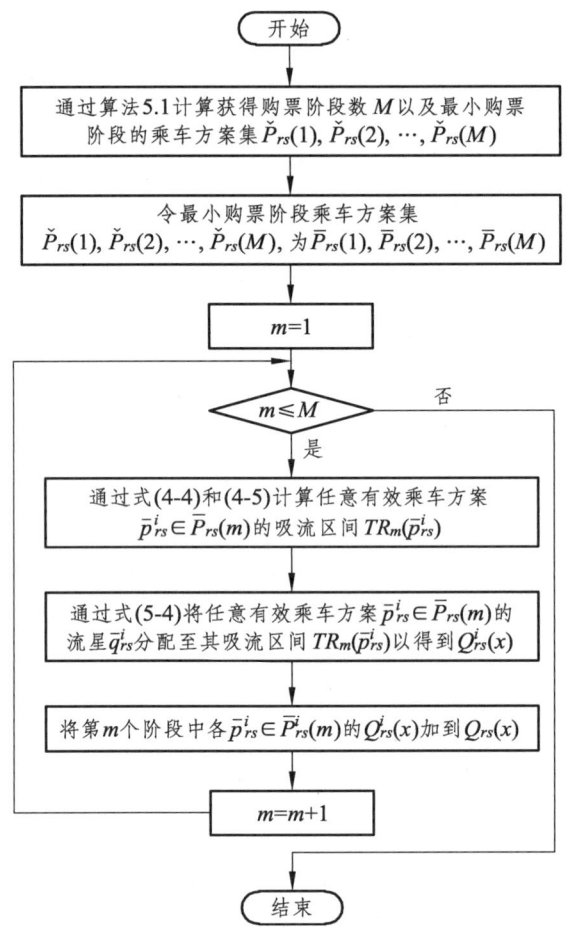

图 5-2 单购票阶段逆向分配估计算法流程图

基于图 5-2，设计时变需求单购票阶段逆向分配估计算法见算法 5-3。

算法 5.3　单购票阶段逆向分配估计算法

输入　高铁 O-D 对 (r,s) 间的运营时段 $[T_{rs}^0, T_{rs}^1]$、乘车方案集 P_{rs}；任意 $p_{rs}^k \in P_{rs}$ 的乘车方案费用 c_{rs}^k 和其在车站 r 的发车时刻 t_{rs}^k；旅客调整期望出行时间的单位时间费率 θ；

输出　高铁 O-D 对 (r,s) 的旅客时变需求分布 $Q_{rs}(x), x \in [T_{rs}^0, T_{rs}^1]$

开始

  使用最小购票阶段划分算法计算 P_{rs} 的购票阶段数 M 和最小购票阶段乘车方案 $\check{P}_{rs}(1), \check{P}_{rs}(2), \cdots, \check{P}_{rs}(M)$；

  执行 $\overline{P}_{rs}(m) \leftarrow \check{P}_{rs}(m), m=1,2,\cdots,M$ 得到各个购票阶段的有效乘车方案集 $\overline{P}_{rs}(1), \overline{P}_{rs}(2), \cdots, \overline{P}_{rs}(M)$；

  记 $Q_{rs}(x) \leftarrow 0, x \in [T_{rs}^0, T_{rs}^1]$；

  对于 $m=1,2,\cdots,M$，循环执行

  开始 1

    通过式（4-4）和（4-5）计算任意有效乘车方案 $\overline{p}_{rs}^i \in \overline{P}_{rs}(m)$ 的吸流区间 $TR_m(\overline{p}_{rs}^i)$；

    通过式（5-4）将任意有效乘车方案 $\overline{p}_{rs}^i \in \overline{P}_{rs}(m)$ 的流量 $\overline{q}_{rs}^i$ 分配至其吸流区间 $TR_m(\overline{q}_{rs}^i)$ 以得到 $Q_{rs}^i(x)$；

    执行 $Q_{rs}(x) \leftarrow Q_{rs}(x) + Q_{rs}^i(x), x \in TR_m(\overline{p}_{rs}^i), \overline{p}_{rs}^i \in \overline{P}_{rs}(m)$；

  返回 1

结束

5.2.2 单购票阶段逆向分配估计法算例分析

  以京沪高铁 2015 年 12 月 1 日的实际售票数据为例，北京至上海当天共有 34 个乘车方案，任意乘车方案 p_{rs}^k 的发车时间 t_{rs}^k、乘车方案费用 c_{rs}^k 和客流量 q_{rs}^k 见表 5-1。记该 O-D 的运营时段 $[T_{rs}^0, T_{rs}^1] = [6:00, 20:00]$；根据北京市统计年鉴和上海市统计年鉴[100-101]，北京和上海 2015 年月平均收入分别为 7 086 元和 6 504 元，按照每月工作 22 天，每天工作 8 h，换算得到北京和上海居民的平均收入分别为 0.67 元/min 和 0.62 元/min，取两者的平均值作为该 O-D 间旅客提前或者推迟期望出行的单位时间费率，即 $\theta = 0.65$ 元/min。

  我们使用单购票阶段逆向分配估计方法来计算北京—上海的时变需求分布 $Q_{rs}(x), x \in [6:00, 20:00]$。第一步，使用最小购票阶段划分算法来计算得到该 O-D 的最小购票阶段乘车方案 $\check{P}_{rs}(1), \check{P}_{rs}(2), \cdots, \check{P}_{rs}(M)$；第二步，通过执行 $\overline{P}_{rs}(m) \leftarrow \check{P}_{rs}(m), m=1,2,\cdots,M$ 来获得该 O-D 各个购票阶段的有效乘车方案集 $\overline{P}_{rs}(1), \overline{P}_{rs}(2), \cdots, \overline{P}_{rs}(M)$；第三步，对于第 $m=1,2,\cdots,M$ 个购票阶

段，使用式（5-4）和（5-5）计算任意有效乘车方案 $\bar{p}_{rs}^i \in \bar{P}_{rs}(m)$ 的吸流区间 $TR_m(\bar{p}_{rs}^i)$，各个购票阶段有效乘车方案的吸流区间如图 5-3 所示；第四步，将各个购票阶段中各有效乘车方案的客流量（如图 5-4 所示）分配至其对应的吸流区间，由此得到各个购票阶段的需求分布如图 5-4 所示；最后一步，累加各个购票阶段的需求以得到该 O-D 的时变需求分布如图 5-5 所示。

表 5-1　京沪高速铁路 2015 年 12 月 1 日各乘车方案数据

p_{rs}^k	t_{rs}^k	c_{rs}^k	q_{rs}^k	p_{rs}^k	t_{rs}^k	c_{rs}^k	q_{rs}^k
G101	7:00	761.6	193	G131	12:25	767.6	61
G105	7:36	765.6	21	G133	12:52	765.1	144
G11	8:00	747.6	361	G135	13:02	771.6	238
G107	8:05	753.6	114	G137	13:45	763.6	150
G111	8:35	766.1	52	G3	14:00	737.1	678
G1	9:00	737.1	788	G43	14:05	759.6	193
G113	9:05	755.1	77	G139	14:10	763.6	116
G41	9:17	757.6	103	G141	14:31	764.1	141
G115	9:32	764.1	68	G143	14:36	771.6	35
G117	9:43	772.1	58	G17	15:00	741.1	680
G13	10:00	740.6	571	G145	15:15	769.1	151
G119	10:05	763.1	55	G19	16:00	751.1	550
G121	10:28	772.6	121	G147	16:05	767.6	71
G15	11:00	740.6	676	G149	16:25	772.6	79
G125	11:10	767.6	219	G21	17:00	762.6	238
G411	11:20	766.6	71	G153	17:15	761.1	123
G129	12:15	760.1	180	G157	17:43	763.1	307

在最小购票阶段划分算法的计算过程中，对于任意乘车方案 $p_{rs}^k, p_{rs}^h \in P_{rs}$，利用式（5-1）计算得到它们之间的优于关系如表 5-2 所示。

第5章 时变需求分布逆向分配估计法

表 5-2 优于关系表

优于关系	优于关系	优于关系	优于关系	优于关系	优于关系
G11≺G105	G1≺G115	G13≺G119	G129≺G131	G43≺G139	G141≺G143
G11≺G107	G1≺G117	G13≺G121	G133≺G135	G3≺G141	G17≺G145
G1≺G111	G115≺G117	G15≺G121	G3≺G137	G17≺G141	G19≺G147
G1≺G113	G13≺G115	G15≺G125	G3≺G43	G17≺G143	G19≺G149
G1≺G41	G13≺G117	G15≺G411	G3≺G139	G3≺G143	

根据表 5-2 中的优于关系，首先，记 $M=0, \check{P}_{rs}(1)=\varnothing$，并通过 $d^k = \left|\{p_{rs}^h \in P_{rs} \mid p_{rs}^h \prec p_{rs}^k\}\right|$ 计算任意乘车方案 $p_{rs}^k \in P_{rs}$ 的 d^k。对于任意乘车方案 $p_{rs}^k \in P_{rs}$，若 $d^k = 0$，则记 $\check{m}_{rs}^k = 1$，并将该乘车方案放入集合 $\check{P}_{rs}(1)$ 中；再将满足条件的乘车方案 p_{rs}^k 的 $\check{m}_{rs}^k$ 和 d^k 表示在表 5-3 的 $M=0$ 列中。例如，根据优于关系 G11≺G105，那么 $d^{G105}=1$；同时根据优于关系 G1≺G115 和 G13≺G115，那么 $d^{G115}=2$。$\check{P}_{rs}(1)$ 中各乘车方案如表 5-4 所示。

表 5-3 最小购票阶段划分算法计算过程表

p_{rs}^k	$M=0$		$M=1$		$M=2$		p_{rs}^k	$M=0$		$M=1$		$M=2$	
	d^k	$\check{m}_{rs}^k$	d^k	$\check{m}_{rs}^k$	d^k	$\check{m}_{rs}^k$		d^k	$\check{m}_{rs}^k$	d^k	$\check{m}_{rs}^k$	d^k	$\check{m}_{rs}^k$
G101	0	1					G131	1		2			
G105	1		2				G133	0	1				
G11	0	1					G135	1		2			
G107	1		2				G137	1		2			
G111	1		2				G3	0	1				
G1	0	1					G43	1		2			
G113	1		2				G139	2		1		3	
G41	1		2				G141	2		2			
G115	2		2				G143	3		1		3	
G117	3		1		3		G17	0	1				
G13	0	1					G145	1		2			
G119	1		2				G19	0	1				
G121	2		2				G147	1		2			
G15	0	1					G149	1		2			
G125	1		2				G21	0	1				
G411	1		2				G153	0	1				
G129	0	1					G157	0	1				

其次，记 $M=0, \check{P}_{rs}(2)=\varnothing$。对于任意乘车方案 $p_{rs}^h \prec p_{rs}^k, p_{rs}^k \in P_{rs} \setminus \check{P}_{rs}(1), p_{rs}^h \in \check{P}_{rs}(1)$，若 $d^k=1$，则记 $\check{m}_{rs}^k = M+1 = 2$，并将该乘车方案放入 $\check{P}_{rs}(2)$，否则，记 $d^k = d^k - 1$。相关乘车方案 p_{rs}^k 的 d^k 和 $\check{m}_{rs}^k$ 表示在表 5-3 的 $M=1$ 列中。例如，根据优于关系 G11 $\prec$ G105，以及 G105 $\in P_{rs} \setminus \check{P}_{rs}(1)$，G11 $\in \check{P}_{rs}(1)$，和 $d^{G105}=1$，则 $\check{m}_{rs}^{G105}=2$；同时，根据 G1 $\prec$ G117，G117 $\in P_{rs} \setminus \check{P}_{rs}(1)$，G1 $\in \check{P}_{rs}(1)$，和 $d^{G117}=3$，那么则记 $d^{G117}=3-1=2$；还有 G13 $\prec$ G117 和 G13 $\in \check{P}_{rs}(1)$，于是记 $d^{G117}=2-1=1$。$\check{P}_{rs}(2)$ 中各乘车方案如表 5-4 所示。

最后，记 $M=2, \check{P}_{rs}(3)=\varnothing$。对于任意乘车方案 $p_{rs}^h \prec p_{rs}^k, p_{rs}^k \in P_{rs} \setminus \bigcup_{m=1}^{2} \check{P}_{rs}(m), p_{rs}^h \in \check{P}_{rs}(2)$，若 $d^k=1$，则记 $\check{m}_{rs}^k = M+1 = 3$，并将该乘车方案放入 $\check{P}_{rs}(3)$；否则，记 $d^k = d^k - 1$。相关乘车方案 p_{rs}^k 的 d^k 和 $\check{m}_{rs}^k$ 表示在表 5-3 的 $M=2$ 列中。例如，G115 $\prec$ G117，G117 $\in P_{rs} \setminus \bigcup_{m=1}^{2} \check{P}_{rs}(m)$，G115 $\in \check{P}_{rs}(2)$ 和 $d^{G117}=1$，那么则记 $\check{m}_{rs}^{G117}=3$。$\check{P}_{rs}(3)$ 中各乘车方案如表 5-4 所示。

表 5-4　最小购票阶段乘车方案方案

购票阶段	有效乘车方案
$\check{P}_{rs}(1)$	G101，G11，G1，G13，G15，G129，G133，G3，G17，G19，G21，G153，G157
$\check{P}_{rs}(2)$	G105，G107，G111，G113，G41，G115，G119，G121，G125，G411，G131，G135，G137，G43，G141，G145，G147，G149
$\check{P}_{rs}(3)$	G117，G139，G143

图 5-3 展示了在每个购票阶段中，旅客选择各有效乘车方案的出行费用以及各有效乘车方案对应的吸流区间。从图 5-3 中可以看出，从第 1 个购票阶段至第 3 个购票阶段，有效乘车方案数量在迅速减少，有效乘车方案的吸流区间范围在逐渐变大，代表每个购票阶段有效乘车方案费用的竖实线在逐渐增高。

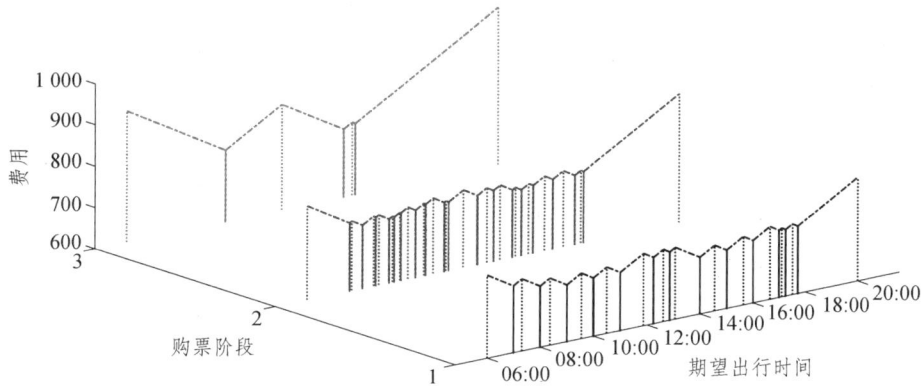

—— 第1个购票阶段各有效乘车方案费用
—— 第2个购票阶段各有效乘车方案费用
—— 第3个购票阶段各有效乘车方案费用
---- 该购票阶段旅客提前或推迟出行所引起的出行方案费用变化
---- 该购票阶段旅客提前或推迟出行所引起的出行方案费用变化
---- 该购票阶段旅客提前或推迟出行所引起的出行方案费用变化

图 5-3　北京—上海每个购票阶段各乘车方案费用及其吸流区间图

图 5-4 体现了每个购票阶段中各有效乘车方案的旅客购票量，可以看出从第 1 个购票阶段至第 3 个购票阶段，代表每个购票阶段有效乘车方案购票量的竖实线高度在迅速下降。综合以上，可以得到高铁时变需求估计单购票阶段逆向分配法所模拟出的旅客购票选择过程具有如下特征：

（1）对于高铁 O-D 对 (r,s)，旅客以购票时出行费用最小为原则选择乘车方案购票出行，导致各乘车方案以费用从小到大的顺序逐渐能力饱和（车票售罄）。

（2）对于高铁 O-D 对 (r,s)，由于所有乘车方案在其可能成为有效乘车方案的最小购票阶段达到能力饱和（车票售罄），于是导致了绝大多数高铁旅客选择在早期的购票阶段购票出行，其乘车方案费用相对较低，且旅客的期望出行时间调整范围也相对较小；而极少量在后期购票阶段也就是临近列车出发前购票的旅客，其被迫选择乘车方案费用相对较高、且可能需要对自身期望出行时间进行较大调整的乘车方案出行。

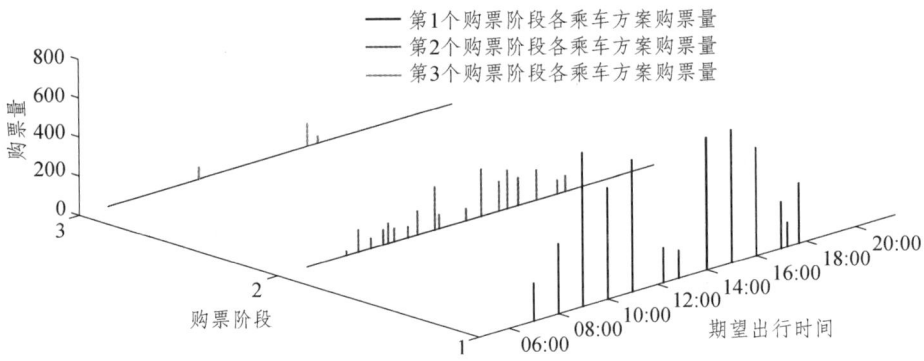

图 5-4　北京—上海每个购票阶段各有效乘车方案吸引的客流量图

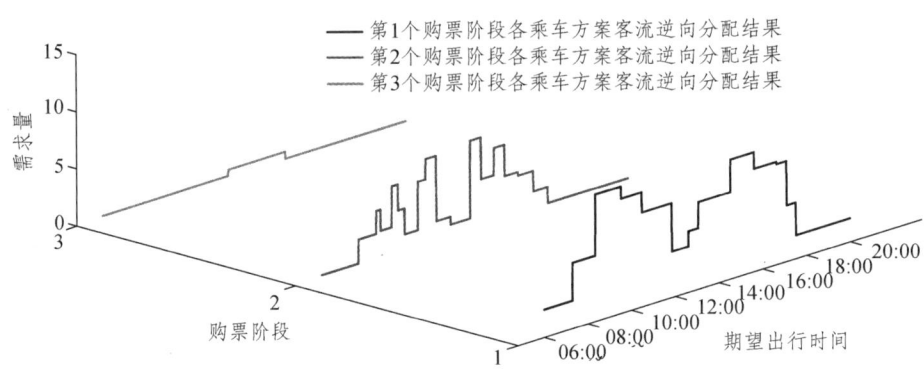

图 5-5　北京—上海单购票阶段客流逆向分配结果图

图 5-5 为单购票阶段客流逆向分配结果图,即图 5-4 中每个购票阶段中各有效乘车方案的客流量按照图 5-3 中对应的吸流区间范围进行逆向分配,即得到图 5-5 中每个购票阶段的逆向分配结果;把每个阶段的逆向分配结果进行累计叠加即得到图 5-6 中每个购票阶段的累计分配结果,故 3 个购票阶段的累计分配结果曲线(红色实线)就是该 O-D 的时变需求估计单购票阶段逆向分配法计算结果,同时表格 5-5 展示了该 O-D 的时变需求分布的数值结果。

请手机扫码查看图 5-6 原图

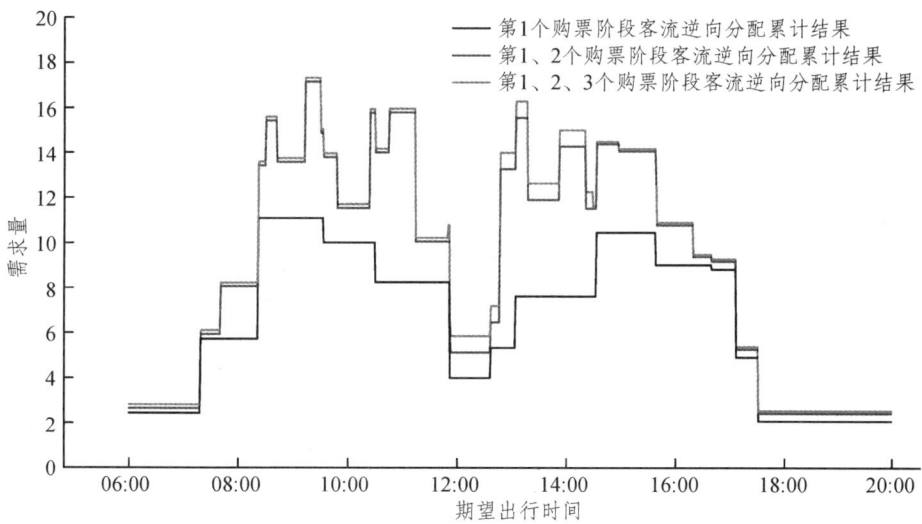

图 5-6 北京—上海单购票阶段客流逆向分配累计结果图

表 5-5 单购票阶段逆向分配法的时变需求估计结果表

时间段	出行需求量/（人/min）	时间段	出行需求量/（人/min）
[6:00，7:19)	2.8	[11:53，12:37)	5.9
[7:19，7:41)	6.1	[12:37，12:47)	7.2
[7:41，8:22)	8.2	[12:47，13:04)	14
[8:22，8:30)	13.6	[13:04，13:17)	16.3
[8:30，8:42)	15.6	[13:17，13:52)	12.6
[8:42，9:13)	13.7	[13:52，14:21)	15
[9:13，9:30)	17.3	[14:21，14:29)	12.3
[9:30，9:33)	15	[14:29，14:33)	11.6
[9:33，9:48)	14	[14:33，14:57)	14.5
[9:48，10:24)	11.7	[14:57，15:38)	14.2
[10:24，10:30)	15.9	[15:38，15:39)	12.7
[10:30，10:45)	14.2	[15:39，16:19)	10.9
[10:45，11:14)	16	[16:19，16:39)	9.5
[11:14，11:50)	10.2	[16:39，17:06)	9.3
[11:50，11:52)	10.8	[17:06，17:31)	5.4
[11:52，11:53)	6.6	[17:31，20:00]	2.5

对上述的时变需求分布结果进行多项式拟合，可以得到北京—上海的时变需求分布曲线如图 5-7 所示。该结果表明：北京—上海间，早晚的高铁旅客出行需求都相对较低，大概 7:30 以前和 17:30 以后，出行需求略高于 2 人/min；在白天出行需求有所上升，其中 9:00—11:00 和 14:00—16:00 是两个出行需求高峰期，最高出行需求在 15 人/min 左右；而 12:00 附近有一个相对的出行需求低谷，其出行需求略低于 10 人/min，可能是由于临近午餐时间导致出行需求下降。

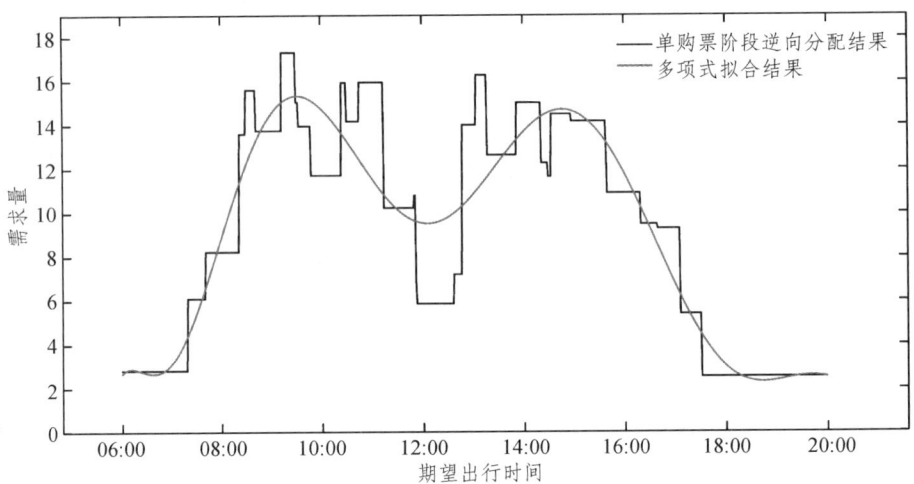

图 5-7 北京—上海时变需求估计单购票阶段逆向分配结果拟合效果图

5.2.3 灵敏度分析

为了分析旅客提前或者推迟出行的单位时间费率参数 θ 对上述估计方法的影响，本小节将对参数 θ 进行了灵敏度分析：在表格 5-6 中的各参数取值条件下，通过算法 5.1 计算所得到的各 θ 取值下的购票阶段数 M 如表 5-6 所示，单购票阶段逆向分配法的估计结果如图 5-7 所示。从表 5-6 可以看出，随着 θ 值的增大，旅客将更加关注调整各自期望出行时间的费用，于是导致购票阶段数量下降。从图 5-8 中可以看出，随着 θ 值的增大，时变需求分布曲线的波动范围越来越大。

表 5-6 不同参数 θ 以及其对应所形成的购票阶段数

θ 取值 / (元/min)	0.05	0.35	0.65	0.95	1.25
购票阶段数 M	8	4	3	2	2

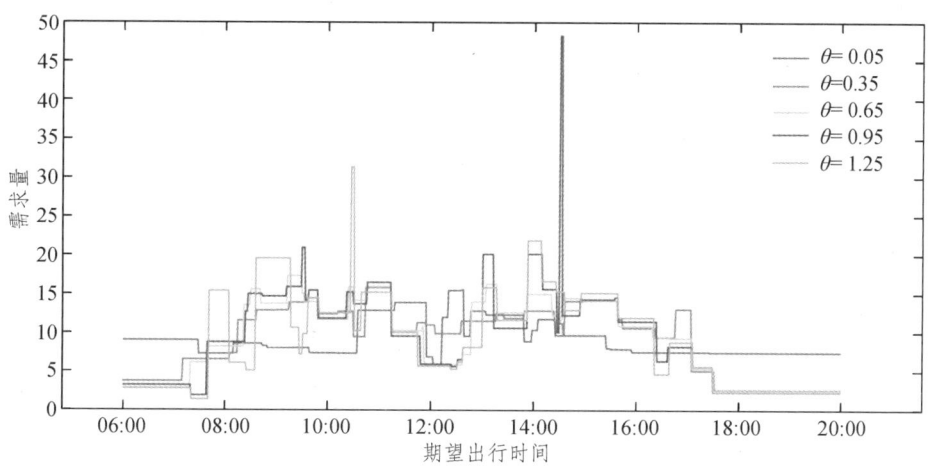

图 5-8 不同参数 θ 条件下的单购票阶段逆向分配估计结果图

5.3 多购票阶段逆向分配估计法

5.3.1 多购票阶段逆向分配原理

上述单购票阶段逆向分配法是基于典型情况 1，每个乘车方案的流量都是逆向分配至其最小购票阶段的吸流区间中的；在接下来的这个部分，我们将基于典型情况 2 设计多购票阶段逆向分配估计法，具体思路如下：首先，通过确定每一个乘车方案在哪些购票阶段是有效的，来得到各个购票阶段的有效乘车方案集；然后，运用屋顶模型确定每一个购票阶段的有效乘车方案的吸流区间；最后，将各乘车方案的客流量等强度地逆分配至其在各个购票阶段的吸流区间。如此获得的各个购票阶段的客流逆分配结果的叠加，就是我们求解的时变需求分布。

根据典型情况 2，乘车方案 $p_{rs}^k \in P_{rs}$ 将在购票阶段 $\check{m}_{rs}^k, \check{m}_{rs}^k+1,\cdots,\hat{m}_{rs}^k$ 都是有效乘车方案，于是，第 $m=1,2,\cdots,M$ 个购票阶段的有效乘车方案集 $\overline{P}_{rs}(m)$ 可以用式（5-5）计算。

$$\overline{P}_{rs}(m) = \bigcup_{j=1}^{m} \check{P}_{rs}(j) \cap \bigcup_{j=m}^{M} \hat{P}_{rs}(j), \quad m=1,2,\cdots,M,(r,s)\in RS \quad (5\text{-}5)$$

可以得到各个购票阶段的有效乘车方案集 $\overline{P}_{rs}(1),\overline{P}_{rs}(2),\cdots,\overline{P}_{rs}(M)$，其中 $\overline{P}_{rs}(m) = \{p_{rs}^k \in P_{rs} \mid \check{m}_{rs}^k \leqslant m \leqslant \hat{m}_{rs}^k\}, m=1,2,\cdots,M$。

对于任意乘车方案 $p_{rs}^k \in P_{rs}$，它的客流量 q_{rs}^k 均匀地分配至其在所有购票阶段 $\check{m}_{rs}^k,\check{m}_{rs}^k+1,\cdots,\hat{m}_{rs}^k$ 的吸流区间中，即在第 $m=1,2,\cdots,M$ 个购票阶段中，有效乘车方案 $\overline{p}_{rs}^i \in \overline{P}_{rs}(m)$ 的购票量是其客流量 q_{rs}^k 的一个比例，这个比例等于该有效乘车方案在第 m 个购票阶段中吸流区间长度 $|TR_m(\overline{p}_{rs}^i)|$ 占该乘车方案在所有购票阶段中吸流区间总长度 $\sum_{j=\check{m}_{rs}^i}^{\hat{m}_{rs}^i}|TR_j(\overline{p}_{rs}^i)|$ 的比例。因此，在第 $m(\check{m}_{rs}^i \leqslant m \leqslant \hat{m}_{rs}^i)$ 个购票阶段，有效乘车方案 p_{rs}^k 的购票量 $\overline{q}_{rs}^i |TR_m(\overline{p}_{rs}^i)| / \sum_{j=\check{m}_{rs}^i}^{\hat{m}_{rs}^i}|TR_j(\overline{p}_{rs}^i)|$ 被均匀地逆分配至其吸流区间 $TR_m(\overline{p}_{rs}^i)$ 内，于是在 $TR_m(\overline{p}_{rs}^i)$ 内由 p_{rs}^k 的客流量逆分配所形成的出行需求可以表示为式（5-6）。

$$Q_{rs}^i(m,x) = q_{rs}^i / \sum_{j=\check{m}_{rs}^i}^{\hat{m}_{rs}^i}|TR_j(\overline{p}_{rs}^i)|$$

$$x \in TR_m(\overline{p}_{rs}^i), \overline{p}_{rs}^i \in \overline{P}_{rs}(m), m=1,2,\cdots,M, \check{m}_{rs}^i \leqslant m \leqslant \hat{m}_{rs}^i (r,s) \in RS \quad (5\text{-}6)$$

其中，$|TR_j(\overline{p}_{rs}^i)| = t_{r,s,i} - t_{r,s,i-1} + 1$，表示 $TR_j(\overline{p}_{rs}^i)$ 的时间长度。

于是，关于图 5-1 中多购票阶段逆向分配法可以进行如下描述：基于假设 A1—A6 和典型情况 2，对图 5-1 的乘车方案集按照最小购票阶段划分法可以得到最小购票阶段乘车方案：

$$\check{P}_{rs}(1) = \{p_{rs}^1, p_{rs}^4, p_{r3}^6\}, \quad \check{P}_{rs}(2) = \{p_{rs}^2, p_{rs}^5\}, \quad \check{P}_{rs}(3) = \{p_{rs}^3\};$$

按照最大购票阶段划分法可以得到最大购票阶段乘车方案：

$$\hat{P}_{rs}(3) = \{p_{rs}^3, p_{rs}^5, p_{rs}^6\}, \quad \hat{P}_{rs}(2) = \{p_{rs}^2, p_{rs}^4\}, \quad \hat{P}_{rs}(1) = \{p_{rs}^1\}$$

于是基于典型情况 2 按照式（5-5）所得到的各个购票阶段有效乘车方案集为：

$$\bar{P}_{rs}(1) = \bigcup_{j=1}^{1} \check{P}_{rs}(j) \cap \bigcup_{j=1}^{3} \hat{P}_{rs}(j) = \{p_{rs}^1, p_{rs}^4, p_{rs}^6\}$$

$$\bar{P}_{rs}(2) = \bigcup_{j=1}^{2} \check{P}_{rs}(j) \cap \bigcup_{j=2}^{3} \hat{P}_{rs}(j) = \{p_{rs}^2, p_{rs}^5, p_{rs}^6\}$$

$$\bar{P}_{rs}(3) = \bigcup_{j=1}^{3} \check{P}_{rs}(j) \cap \bigcup_{j=3}^{3} \hat{P}_{rs}(j) = \{p_{rs}^3, p_{rs}^5, p_{rs}^6\}$$

在第 1 个购票阶段，有效乘车方案集 $\bar{P}_{rs}(1) = \{p_{rs}^1, p_{rs}^4, p_{rs}^6\}$，利用式（5-6）可以计算得到第 1 个购票阶段的需求分布，即均匀地将 p_{rs}^1，p_{rs}^4 和 p_{rs}^6 的购票量 q_{rs}^1，q_{rs}^4 和 $q_{rs}^6 |TR_1(p_{rs}^6)|/\sum_{j=1}^{3}|TR_j(p_{rs}^6)|$ 分配至其对应的吸流区间 $TR_1(p_{rs}^1)$，$TR_1(p_{rs}^4)$ 和 $TR_1(p_{rs}^6)$；在第 2 个购票阶段，有效乘车方案集 $\bar{P}_{rs}(2) = \{p_{rs}^2, p_{rs}^5, p_{rs}^6\}$，同样利用式（5-6）可以计算得到第 2 个购票阶段的需求分布，即均匀地将 p_{rs}^2，p_{rs}^5 和 p_{rs}^6 的购票量 q_{rs}^2，$q_{rs}^5 |TR_2(p_{rs}^5)|/\sum_{j=2}^{3}|TR_j(p_{rs}^5)|$ 和 $q_{rs}^6 |TR_2(p_{rs}^6)|/\sum_{j=1}^{3}|TR_j(p_{rs}^6)|$ 分配至其对应的吸流区间 $TR_2(p_{rs}^2)$，$TR_2(p_{rs}^5)$ 和 $TR_2(p_{rs}^6)$；接着，在第 3 个购票阶段，有效乘车方案集 $\bar{P}_{rs}(3) = \{p_{rs}^3, p_{rs}^5, p_{rs}^6\}$，均匀地将购票量 q_{rs}^3、$q_{rs}^5 |TR_3(p_{rs}^5)|/\sum_{j=2}^{3}|TR_j(p_{rs}^5)|$ 和 $q_{rs}^6 |TR_3(p_{rs}^6)|/\sum_{j=1}^{3}|TR_j(p_{rs}^6)|$ 分配至其对应的吸流区间 $TR_3(p_{rs}^3)$、$TR_3(p_{rs}^5)$ 和 $TR_3(p_{rs}^6)$；最后，将前面所计算得到的各个购票阶段的需求分布相加，便得到了该 O-D 对的时变需求分布。

于是，基于假设 A1—A6 和典型情况 2，通过最小购票阶段划分算法和最大购票阶段划分算法，我们可以分别得到最小购票阶段乘车方案集 $\check{P}_{rs}(1), \check{P}_{rs}(2), \cdots, \check{P}_{rs}(M)$ 和最大购票阶段乘车方案集 $\hat{P}_{rs}(1), \hat{P}_{rs}(2), \cdots, \hat{P}_{rs}(M)$；接着，利用式（5-5）可以得到各个购票阶段的有效乘车方案集 $\bar{P}_{rs}(1), \bar{P}_{rs}(2), \cdots, \bar{P}_{rs}(M)$；在任意第 $m = 1, 2, \cdots, M$ 个购票阶段，对于任意有效乘车方案 $\bar{p}_{rs}^i \in \bar{P}_{rs}(m)$，可以通过屋顶模型，即式（5-4）和（5-5）来计算 $\bar{p}_{rs}^i$ 在该购票阶段的吸流区间 $TR_m(\bar{p}_{rs}^i)$；然后利用式（5-6）将 $\bar{p}_{rs}^i$ 的客流

$\overline{q}_{rs}^{i}\left|TR_{m}(\overline{p}_{rs}^{i})\right|/\sum_{j=\tilde{m}_{rs}^{i}}^{\hat{m}_{rs}^{i}}\left|TR_{j}(\overline{p}_{rs}^{i})\right|$ 均匀分配至其吸流区间 $TR_{m}(\overline{p}_{rs}^{i})$；最后将各个购票阶段计算的需求分布相加便得到了该 O-D 的时变需求分布。本书根据上述思想，设计了多购票阶段逆向分配算法，其流程图如图 5-9 所示。

综上所述，设计时变需求分布估计多购票阶段逆向分配算法见算法 5-4。

算法 5.4 时变需求估计多购票阶段逆分配法

输入 高铁 O-D 对 (r,s) 间的运营时段 $[T_{rs}^{0}, T_{rs}^{1}]$ 和乘车方案集 P_{rs}，乘车方案 $p_{rs}^{k} \in P_{rs}$ 在 r 站的发车时刻 t_{rs}^{k}、费用 c_{rs}^{k} 和客流量 q_{rs}^{k}；

输出 O-D 对 (r,s) 间的时变需求 $Q_{rs}(x), x \in [T_{rs}^{0}, T_{rs}^{1}]$。

开始

由最小购票阶段划分法计算得到 P_{rs} 的购票阶段数 M 和最小购票阶段乘车方案方案 $\check{P}_{rs}(1), \check{P}_{rs}(2), \cdots, \check{P}_{rs}(M)$；

由最大购票阶段划分法计算得到 P_{rs} 的最大购票阶段乘车方案方案 $\hat{P}_{rs}(1), \hat{P}_{rs}(2), \cdots, \hat{P}_{rs}(M)$；

利用式（5-5）由最小购票阶段划分和最大购票阶段划分生成各个购票阶段的有效乘车方案集 $\overline{P}_{rs}(1), \overline{P}_{rs}(2), \cdots, \overline{P}_{rs}(M)$；

记 $Q_{rs}(x) = 0$；

对于 $m = 1, 2, \cdots, M$，循环执行

开始 1

    利用式（4-4）和（4-5）求解任意有效乘车方案 $\overline{p}_{rs}^{i} \in \overline{P}_{rs}(m)$ 的吸流区间 $TR_{m}(p_{rs}^{k})$；

    利用式（5-6）求解逆分配客流量 $Q_{rs}^{i}(m, x), x \in TR_{m}(\overline{p}_{rs}^{i}), \overline{p}_{rs}^{i} \in \overline{P}_{rs}(m)$；

    执行 $Q_{rs}(x) \leftarrow Q_{rs}(x) + Q_{rs}^{i}(m, x), x \in TR_{m}(\overline{p}_{rs}^{i}), \overline{p}_{rs}^{i} \in \overline{P}_{rs}(m)$；

返回 1

结束

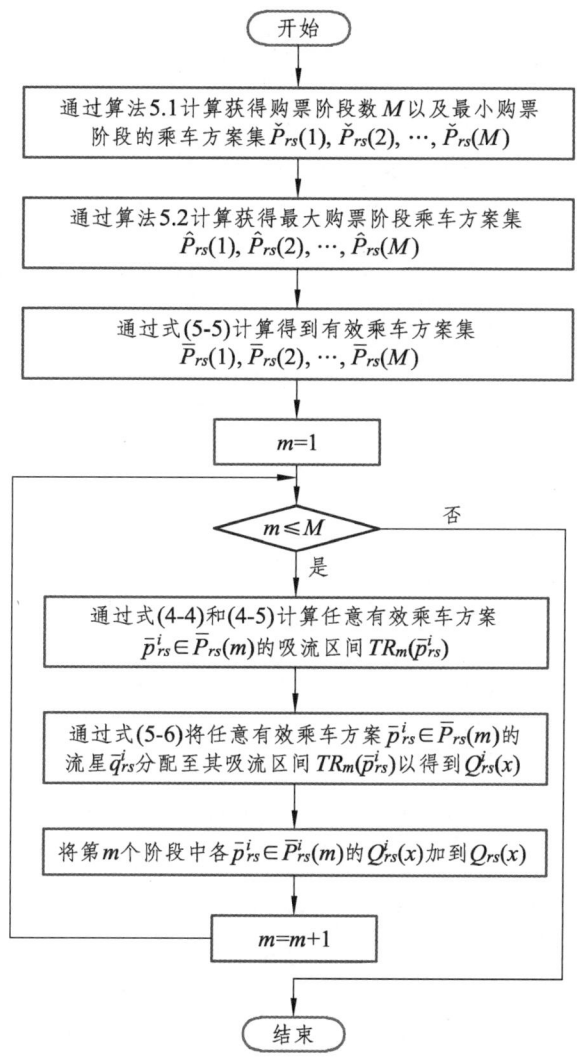

图 5-9 多购票阶段逆向分配算法流程图

5.3.2 多购票阶段逆向分配估计法算例分析

同样以京沪高铁 2015 年 12 月 1 日为例，其参数设置和 5.2 节相同。通过最小购票阶段划分算法和最大购票阶段划分算法计算得到的最小购票阶段乘车方案集和最大购票阶段乘车方案集如表 5-4 和表 5-7 所示。

基于最小购票阶段乘车方案集和最大购票阶段乘车方案集，利用式（5-5）计算得到各个购票阶段的有效乘车方案集如表 5-8 所示。可以看到，整个连续的购票过程被划分为 3 个购票阶段。

表 5-7 最大购票阶段乘车方案集表

购票阶段	有效乘车方案
$\hat{P}_{rs}(1)$	G11，G1，G13，G15，G129，G133，G3，G17，G19
$\hat{P}_{rs}(2)$	G115，G43，G141
$\hat{P}_{rs}(3)$	G101，G105，G107，G111，G113，G41，G117，G119，G121，G125，G411，G131，G135，G137，G139，G143，G145，G147，G149，G21，G153，G157

表 5-8 各个购票阶段有效乘车方案集表

购票阶段	有效乘车方案集
$\bar{P}_{rs}(1)$	G101，G11，G1，G13，G15，G129，G133，G3，G17，G19，G21，G153，G157
$\bar{P}_{rs}(2)$	G101，G105，G107，G111，G113，G41，G115，G119，G121，G125，G411，G131，G135，G137，G43，G141，G145，G147，G149，G21，G153，G157
$\bar{P}_{rs}(3)$	G101，G105，G107，G111，G113，G41，G117，G119，G121，G125，G411，G131，G135，G137，G139，G143，G145，G147，G149，G21，G153，G157

图 5-10 展示了在各个购票阶段中各有效乘车方案的费用和吸流区间，可以看出从第 1 个购票阶段至第 3 个购票阶段，有效乘车方案数量及其吸流区间范围的变化没有明显趋势，但是有效乘车方案的费用还是在逐渐增高；图 5-11 表示每个购票阶段中各有效乘车方案的旅客购票量，可以看出从第 1 个购票阶段至第 3 个购票阶段，代表每个购票阶段有效乘车方案的旅客购票量的竖实线高度在逐渐下降，但下降速度相比于单购票阶段逆向分配法要缓和一下，综合以上，可以得到高铁时变需求估计多购票阶段逆向分配法所模拟出的旅客购票选择过程具有如下特征：

（1）高铁旅客按照其购票时出行费用最小选择出行方案，同样会导致 O-D 间各乘车方案按照费用由小到大的顺序能力逐渐饱和；

（2）虽然还是多数高铁旅客选择了在早期乘车方案费用相对较低的购票阶段购票出行，少数旅客选择了在后期乘车方案费用较高临近列车出发的购票阶段购票出行，但多购票阶段逆向分配法所模拟出的旅客购票选择，旅客对乘车方案费用的变化的敏感程度较单购票阶段逆向分配法要小一些。

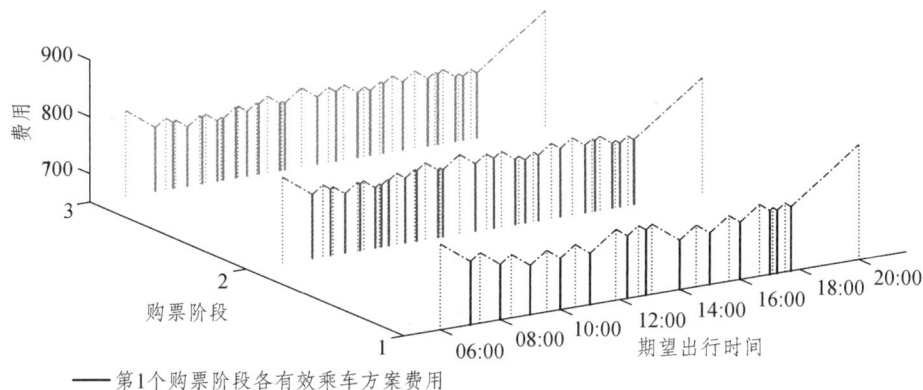

图 5-10 北京—上海每个购票阶段各乘车方案费用及其吸流区间图

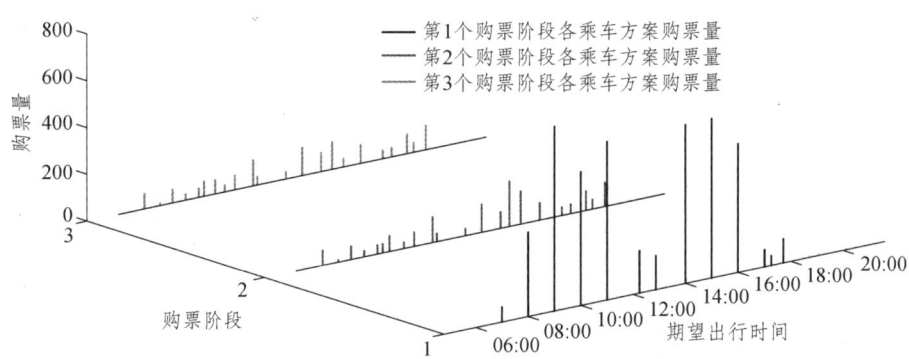

图 5-11 北京—上海每个购票阶段各乘车方案吸引的客流量图

图 5-12 为每个购票阶段的客流逆向分配结果图，即图 5-11 中每 1 个购票阶段中各有效乘车方案所吸引的客流量按照图 5-10 中的吸流区

间范围进行逆向分配，即得到图 5-12 中每个购票阶段的分配结果，把每个阶段的分配结果进行累计叠加即得到图 5-13 中每个购票阶段的累计分配结果，故第 3 个购票阶段的累计分配结果曲线（红色实线）就是该 O-D 的时变需求估计多购票阶段逆向分配法的计算结果，同时表 5-9 也展示了其数值结果。

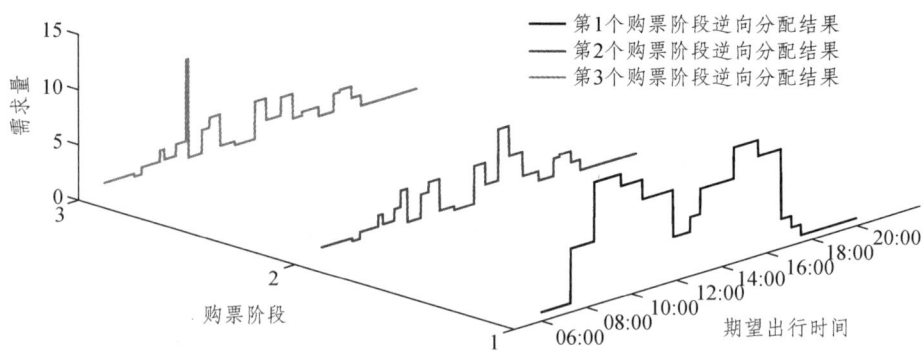

图 5-12　北京—上海每个购票阶段各乘车方案客流逆向分配结果图

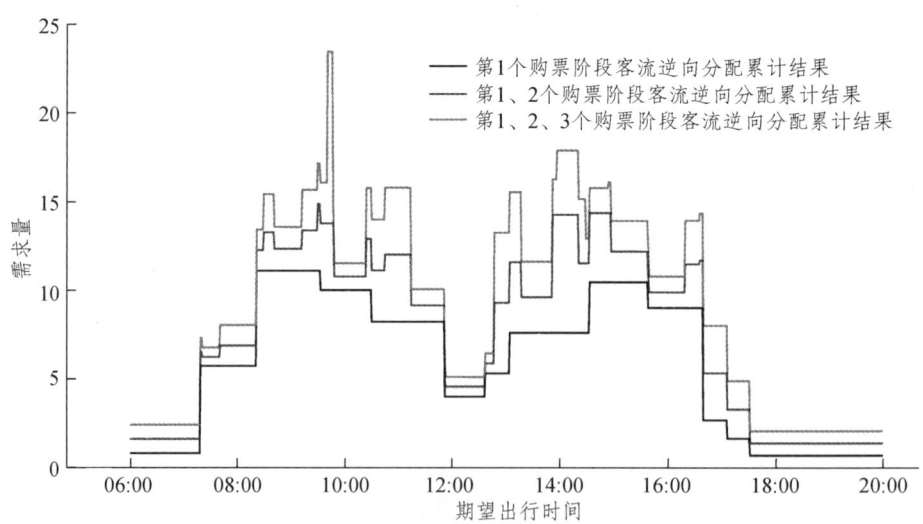

图 5-13　北京—上海多购票阶段客流逆向分配累计结果

第 5 章 时变需求分布逆向分配估计法

表 5-9 时变需求估计多购票阶段逆向分配结果表

时 段	需求量 /（人/min）	时 段	需求量 /（人/min）
[6:00, 7:19)	2.4	[12:37, 12:47)	6.5
[7:19, 7:21)	7.3	[12:47, 13:04)	13.3
[7:21, 7:41)	6.8	[13:04, 13:17)	15.6
[7:41, 8:22)	8.1	[13:17, 13:52)	11.6
[8:22, 8:30)	13.4	[13:52, 13:57)	16.3
[8:30, 8:42)	15.4	[13:57, 14:21)	17.9
[8:42, 9:13)	13.6	[14:21, 14:29)	15.2
[9:13, 9:30)	15.7	[14:29, 14:33)	12.9
[9:30, 9:33)	17.2	[14:33, 14:54)	15.8
[9:33, 9:41)	16.1	[14:54, 14:57)	16.1
[9:41, 9:47)	23.5	[14:57, 15:38)	13.9
[9:47, 9:48)	14.5	[15:38, 15:39)	12.5
[9:48, 10:24)	11.5	[15:39, 16:19)	10.8
[10:24, 10:30)	15.8	[16:19, 16:35)	14
[10:30, 10:45)	14	[16:35, 16:39)	14.4
[10:45, 11:14)	15.8	[16:39, 17:06)	8
[11:14, 11:52)	10.1	[17:06, 17:31)	4.9
[11:52, 11:53)	5.8	[17:31, 20:00]	2.1
[11:53, 12:37)	5.1		

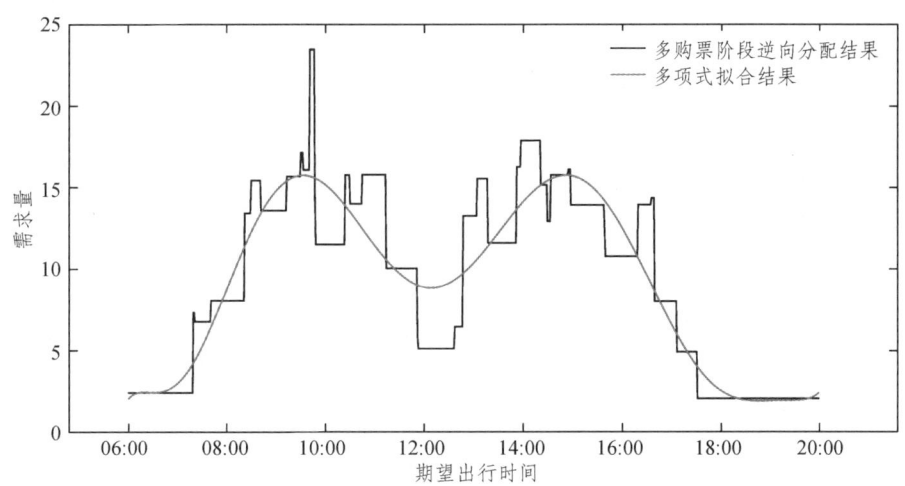

图 5-14 北京—上海多购票阶段逆向分配估计结果拟合效果图

对上述时变需求估计多购票阶段逆向分配结果进行多项式拟合，得到的北京—上海间的时变需求曲线如图 5-14 所示。可以看出，时变需求估计多购票阶段逆向分配法所得到的出行需求分布和单购票阶段逆向分配法所获得的出行需求分布的波动趋势是基本一致的：北京—上海，早晚的高铁旅客出行需求都相对较低，大概 7:30 以前和 17:30 以后，出行需求只是略高于 2 人/min；在白天出行需求有所上升，其中 9:00—11:00 和 14:00—16:00 是两个出行需求高峰期，最高出行需求在 15 人/min 左右；而 12:00 附近有一个相对的出行需求低谷，其出行需求略低于 10 人/min，可能是由于临近午餐时间而使得出行需求下降。

5.3.3 灵敏度分析

为了分析旅客提前或者推迟出行的单位时间费率参数 θ 对上述估计方法的影响，我们对参数 θ 进行了灵敏度分析：在表格 5-6 中的各参数取值条件下，所形成的购票阶段数同样如表 5-6 所示，同时，多购票阶段逆向分配法的估计结果如图 5-15 所示。从图 5-15 中可以看出，多购票阶段逆向分配法的变化趋势和单购票阶段逆向分配法的变化趋势（如图 5-8）是一致的：随着 θ 值的增大，时变需求分布曲线的波动范围越来越大。

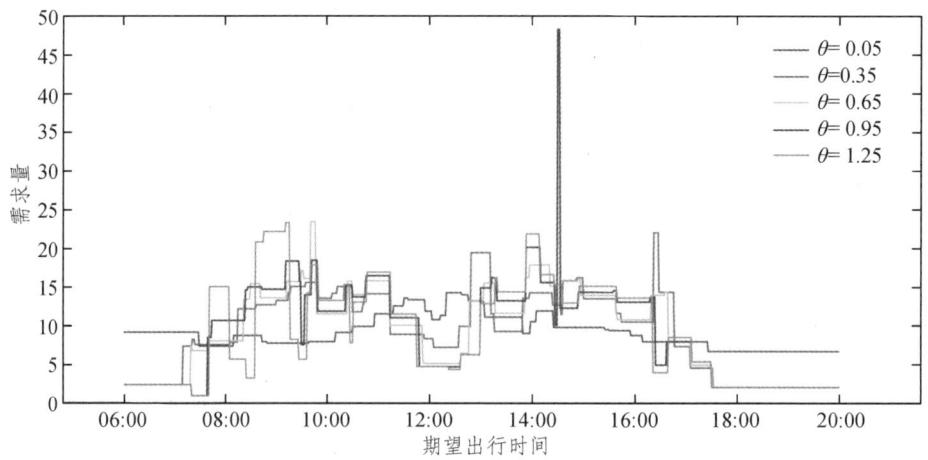

图 5-15 不同参数 θ 条件下的多购票阶段逆向分配估计法计算结果图

5.4 有效性检验

为了分析上述两种时变需求估计方法的有效性,需要将上述估计方法计算得到的时变需求和真实的时变需求进行对比,以验证其精度。但是由于真实的时变需求获取存在难度或精度难以得到保证,于是,本节采用如下方式从售票数据中提取数据来近似地代替真实时变需求:选取从始发站 r 至终到站 s 发车密集(发车间隔小于 1 h)且各列车能力富足的 O-D 对,将其全天各小时的旅客运输量(售票量)近似地视为真实的旅客各小时需求。将上述两个估计方法计算得到的时变需求分别统计各小时的需求量,与全天各小时的旅客运输量进行误差对比,即可进行有效性的检验。

以 2015 年 12 月 1 日京津城际线路北京至天津该 O-D 对为实例进行有效性分析,北京至上海当天共有 129 个乘车方案,在该 O-D 的有效运营时段 $\left[T_{rs}^0, T_{rs}^1\right]=[6:00, 23:00]$,根据天津市统计年鉴[102],天津市 2015 年月平均工资为 4 944 元,按照每月 22 天,每天工作 8 h,换算得到天津居民的平均收入分别为 0.47 元/min,而北京市居民的平均收入为 0.67 元/min,取两者的平均值作为该 O-D 间旅客提前或者推迟出行的单位时间费率,即 $\theta=0.57$ 元/min。通过售票数据统计得到的各小时旅客运输量与采用单购票阶段逆向分配估计法和多购票阶段逆向分配估计法所计算得到的各小时旅客出行需求量的数据如表 5-10 所示。

表 5-10 时段需求误差分析表

时段	售票统计小时流量	单购票阶段逆向分配法		多购票阶段逆向分配法	
		小时流量估计结果	误差	小时流量估计结果	误差
6	509	610.3	101.3	563.2	54.2
7	1 022	967.4	54.6	1 072.1	50.1
8	1 472	1 717.5	245.5	1 587.1	115.1
9	2 282	2 147.6	134.4	2 201.9	80.1
10	2 152	1 962.1	189.9	1 948.9	203.1
11	1 619	1 826.8	207.8	1 836.4	217.4

续表

时段	售票统计小时流量	单购票阶段逆向分配法		多购票阶段逆向分配法	
		小时流量估计结果	误差	小时流量估计结果	误差
12	1 756	1 706.8	49.2	1 753.0	3.0
13	2 065	1 842.6	222.4	1 846.8	218.2
14	1 833	2 034.1	201.1	1 983.4	150.4
15	1 937	1 774.0	163.0	1 854.3	82.7
16	2 317	2 381.2	64.2	2 350.6	33.6
17	2 351	2 265.5	85.5	2 363.1	12.1
18	1 635	1 762.5	127.5	1 666.2	31.2
19	1 057	1 156.6	99.6	1 149.4	92.4
20	1 073	860.4	212.6	853.3	219.7
21	638	721.7	83.7	714.5	76.5
22	442	423.0	19.0	415.9	26.1
合计	26 160	26 160	2 261.2	26 160	1 665.9
累计误差率	—	—	8.64%	—	6.37%

从表 5-10 的结果可以看出，通过单购票阶段逆向分配估计法和多购票阶段逆向分配估计法所得到的时变需求与各小时旅客运输量的累计误差率分别为 8.64% 和 6.37%，介于 6%~9%，两者误差都相对较小，从而验证了本章所提出两个方法的有效性；同时，相对来说，多购票阶段逆向分配法的误差率要更加低一些，说明在 2015 年 12 月 1 日当天实际从北京至天津的高铁旅客，其出行购票选择过程更加趋近于典型情况 2 所模拟的情况。

5.5 小 结

本章先介绍了逆分配估计法的原理：通过模拟高铁旅客的购票过程，以任意有效乘车方案能力饱和（车票售罄）为分界点，将 O-D 间的整个购票过程划分为若干购票阶段；然后将每个购票阶段中各有效乘车方案的客流量逆向分配至其对应的吸流区间，以获得这个购票阶段的出行需求分布，再通过加总所有购票阶段的出行需求分布以获得该 O-D 的时变需求分布。由于各个乘车方案的能力饱和顺序有很多种情况，于是提出了优于关系链来体现部分乘车方案之间的能力饱和顺序。另外，基于各个乘车方案之间的优于关系，分别提出了两种典型的乘车方案能力饱和情况，结合这两种典型情况，分别在 5.2 节和 5.3 节设计了单购票阶段逆向分配估计法和多购票阶段逆向分配估计法，并且分别进行了算例分析和灵敏度分析。之后，在 5.4 节对上述两种方法进行了有效性检验。

第6章 时变需求分布最大熵估计法

上述第 5 章是基于乘车方案流量,采用模拟高铁旅客购票选择的方式来获得乘车方案能力饱和的顺序,以此推算旅客的期望出行时间范围来估计高铁时变需求分布;在本章,我们采用另外一种思路设计一个新的高速铁路旅客时变需求分布估计方法,即结合 4.1 节和 4.2 节,再通过从售票系统中直接提取出高铁旅客的购票操作信息并根据各乘车方案在预售期的状态来估计高铁旅客的时变需求分布。

需要注意的是,本章并不是精确地估计每一个旅客的期望出行时刻,而是通过从购票系统中提取旅客的购票操作信息,来估计旅客的期望出行时间范围,并据此设计了最大熵模型来估计时变需求分布。

6.1 当前可用乘车方案集及购票操作链

6.1.1 当前可用乘车方案集

将高速铁路 O-D 对 (r,s) 间乘车方案集 P_{rs} 的车票预售期记为 $[\tilde{T}_{rs}^0, \tilde{T}_{rs}^1]$,该预售期也就是 (r,s) 间所有高铁出行旅客的整个购票期,它可以被某一单位时间 $\tilde{\tau}$ 离散化为 $\tilde{n}$ 个相等的时间间隔,即 $\tilde{\tau}=\dfrac{\hat{T}_{rs}^1-\hat{T}_{rs}^0}{\tilde{n}}$,$\tilde{T}_{rs}^1=\tilde{T}_{rs}^0+\tilde{n}\cdot\tilde{\tau}$,于是乘车方案集 P_{rs} 的车票预售期也可以表示为 $[1,2,\cdots,\tilde{n}]$,并且,$\tilde{\tau}$ 可以是一个足够小的单位时间以使得在任何时间间隔内最多只有一次旅客购票操作(订票、退票等)。对于任意乘车方案 $p_{rs}^k \in P_{rs}$,它的车票在车票预售期 $y \in [1,2,\cdots,\tilde{n}]$ 时有两种状态,即可售状态和不可售状态;若该乘车方案在 y 时,所有车票都已经售罄或者还没有被运营管理部门分配,那么它的车票是不可售状态;否则,则为可售状态。记 $g_{rs}^k(y)$ 为乘车方案

$p_{rs}^k \in P_{rs}$ 在车票预售期 y 时的车票状态,它可以用式(6-1)表示。

$$g_{rs}^k(y) = \begin{cases} 1, & \text{在预售期 } y \text{ 时 } p_{rs}^k \text{ 的车票是可售状态} \\ 0, & \text{否则} \end{cases} \quad (6\text{-}1)$$

于是在预售期 $y \in [1, 2, \cdots, \tilde{n}]$ 时,当前车票是可售状态的乘车方案集 $P_{rs}^a(y)$,即当前可用乘车方案集,可以通过如下式(6-2)计算获得。

$$P_{rs}^a(y) = \{p_{rs}^k \mid g_{rs}^k(y) = 1, p_{rs}^k \in P_{rs}\}, \quad y \in [0, 1, \cdots, \tilde{n}] \quad (6\text{-}2)$$

由于铁路售票系统(Railway Ticketing System)记录了各 O-D 间各乘车方案在车票预售期内任意时刻的剩余车票数量,所以 $g_{rs}^k(y)$ 和 $P_{rs}^a(y), y \in [1, 2, \cdots, \tilde{n}]$ 便可以通过铁路售票系统提取数据得到。

乘车方案 $p_{rs}^k \in P_{rs}$ 的车票状态 $g_{rs}^k(y)$ 和当前可用乘车方案集 $P^a(y)$ 反映了高铁 O-D 对 (r,s) 在预售期 $y \in [1, 2, \cdots, \tilde{n}]$ 时的车票供给状态。

6.1.2 旅客购票操作链

在车票预售期内,旅客对于各个乘车方案的购票行为可以概括为:购票、退票和改签这三种购票操作,其中车票改签操作可以视为是退票操作和购票操作的组合。于是,我们只需要用购票和退票这两种操作就可以表达所有的旅客购票行为。在实际售票过程中,旅客的每次购票操作信息都会被记录在铁路售票系统中,这些信息具体包括:每次购票操作(购票或退票)的时间、该车票的出行起点站和终点站,列车车次号、席位号、旅客的身份信息(姓名和身份证号/护照号)等。另外,旅客可能不止一个购票操作,例如某旅客可能购票、退票之后再购票等。上述的这些信息都是被记录在铁路售票系统中的,那么接下来,我们引入"购票操作链"来描述各个旅客的购票操作行为。

对于任意旅客,若该旅客只有一个在预售期 $y \in [1, 2, \cdots, \tilde{n}]$ 时刻对于乘车方案 $p_{rs}^k \in P_{rs}$ 的购票操作,那么该旅客的购票操作链 TOC 就只有一个购票操作 b,其包括乘车方案 p_{rs}^k、旅客的购票时间 y 和该乘车方案对应的车票费用 f_{rs}^k,其表示为式(6-3):

$$TOC = \{b\} = \begin{Bmatrix} p_{rs}^k \\ y \\ f_{rs}^k \end{Bmatrix} \quad (6\text{-}3)$$

若某旅客在预售期 $y \in [1,2,\cdots,\tilde{n}]$ 对于乘车方案 $p_{rs}^k \in P_{rs}$ 有一个购票操作，同时该旅客在预售期 $y' \in [1,2,\cdots,\tilde{n}](y' > y)$ 时对 p_{rs}^k 有一个退票操作，即该旅客先对 p_{rs}^k 购票再退票，那么该旅客的购票操作链 TOC 就包括一个购票操作 b 和一个退票操作 c，它可以用式（6-4）表示。

$$TOC = \{b, c\} = \begin{Bmatrix} p_{rs}^k & p_{rr}^k \\ y & y' \\ f_{rs}^k & e_{rs}^k(y') \end{Bmatrix} \quad (6\text{-}4)$$

其中，$e_{rs}^k(y')$ 表示乘车方案 p_{rs}^k 在预售期 y' 的退票价格，于是 p_{rs}^k 在预售期 y' 的退票惩罚费用可以表示为 $l^k(y') = f_{rs}^k - e_{rs}^k(y')$。

若某旅客首先在预售期 $y_1 \in [1,2,\cdots,\tilde{n}]$ 对于乘车方案 $p_{rs}^{k_1} \in P_{rs}$ 有一个购票操作，然后该旅客在预售期 $y_0(y_0 > y_1)$ 将上述车票改签到了乘车方案 $p_{rs}^{k_0} \in P_{rs}$，那么该旅客的改签操作可以视为一个退票操作和一个再购票操作。于是该旅客的购票操作链 TOC 就包括购票操作 b_1，退票操作 c_1 和购票操作 b_0，它可以用式（6-5）表示。

$$TOC = \{b_1, c_1, b_0\} = \begin{Bmatrix} p_{rs}^{k_1} & p_{rs}^{k_1} & p_{rs}^{k_0} \\ y_1 & y_1' & y_0 \\ f_{rs}^{k_1} & e_{rs}^{k_1}(y_1') & f_{rs}^{k_0} \end{Bmatrix} \quad (6\text{-}5)$$

其中，若 $y_1' = y_0$，则 (c_1, b_0) 表示该旅客进行的是改签操作；否则，(c_1, b_0) 表示该旅客先执行一个针对乘车方案 $p_{rs}^{k_1}$ 的退票操作 c_1，然后在预售期 y_0 对乘车方案 $p_{rs}^{k_0}$ 进行一个购票操作。

根据上述分析可以得到，任意旅客的购票操作链 TOC 可以被描述为其在预售期内一串购票或者退票的操作记录。因此，任意旅客的购票操作链 TOC 可以表示为式（6-6）或者（6-7）：

$$TOC = \{b_M, c_M, b_{M-1}, c_{M-1}, \cdots, b_m, c_m, \cdots, b_1, c_1, b_0\} \quad (6\text{-}6)$$

$$TOC = \{b_M, c_M, b_{M-1}, c_{M-1}, \cdots, b_m, c_m, \cdots, b_1, c_1, b_0, c_0\} \quad (6\text{-}7)$$

其中，b_m 和 c_m 表示针对同一个乘车方案 $p_{rs}^{k_m}$ 的购票操作；且式（6-6）和（6-7）中任意 $m \in \{M, M-1, \cdots 1\}$，均满足 $y_m < y_{m-1}, y_m < y_m'$；同时式（5-7）中满足 $y_0 < y_0'$。需要注意的是，在上述式（6-6）和（6-7）中，b_M 是旅客的第一个购票操作，而 b_0 或者 c_0 是旅客的最后一个购票操作。式（6-6）表示旅客最终选择 b_0 所对应的乘车方案出行，而式（6-7）表示旅客最终没有出行。因此，在进行时变需求分布估计时，可以忽略票操作链是式（6-7）的旅客，而仅仅只考虑式（6-6）的旅客。同时，若 $M = 0$，则式（6-7）等价于式（6-3）；若 $M = 1$，则式（6-7）等价于式（6-5）。

需要注意的是，上述式（6-6）所表示的旅客购票操作链是从车站 r 至 s 的一次出行，即旅客最终是基于最后一个购票操作 b_0 所对应的乘车方案出行。在实际高速铁路运输过程中，O-D 对 (r,s) 间，绝大部分旅客在一天内是只有一次从车站 r 至 s 的高铁出行，但如果极少量的旅客在一天内有超过一次的高铁出行，那么我们就将这种情况视为"多个旅客"，其中每个旅客只有一次出行。

例如，若某旅客在一天内有高铁 O-D 对 (r,s) 之间的两次出行，即分别基于购票操作 b_0 和 $\bar{b}_0$ 所对应的乘车方案出行，那么我们把该旅客视为两个单次购票操作的"旅客"，他们的购票操作链分别为 $TOC_1 = \{b_0\}$ 和 $TOC_2 = \{\bar{b}_0\}$。虽然这样的处理可能会对估计时变需求分布产生一定的误差，但我们认为旅客在高铁 O-D 间的出行是属于城际间出行，出行距离相对较长，因此极少有旅客会在一天内多次出行，这种处理所带来的误差可以忽略不计。

综上所述，式（6-6）所描述的旅客购票操作链可以从铁路售票系统中提取获得，同时，当前可用乘车方案集 $P_{rs}^a(y), y \in [1, 2, \cdots, \tilde{n}]$、乘车方案 p_{rs}^k 在车站 r 的发车时刻 t_{rs}^k 和 p_{rs}^k 的车票费用 f_{rs}^k 都可以从铁路售票系统中提取得到。那么接下来，本书将基于这些信息，来估计高铁旅客的时变需求分布。

6.2 旅客期望出行时间范围推算

在本书的第 4 章介绍过，通过屋顶模型可以确定高铁 O-D 对 (r,s) 之间任意期望出行时间点的旅客所选择的最优乘车方案，进而得到高铁

O-D 间的有效乘车方案集 $\overline{P}_{rs}$。于是在本节，我们将逆向利用屋顶模型，通过旅客所选择的有效乘车方案并结合旅客的购票操作链来推算旅客的期望出行时间范围。

给定当前可用乘车方案集 $P_{rs}^a(y) \subseteq P_{rs}, y \in [1,2,\cdots,\tilde{n}]$ 以及任意乘车方案 $p_{rs}^k \in P_{rs}^a(y)$ 的费用 c_{rs}^k，基于屋顶模型，利用式（4-3）可以计算得到当前的有效乘车方案集 $\overline{P}_{rs}(y) = \{\overline{p}_{rs}^1, \overline{p}_{rs}^2, \cdots, \overline{p}_{rs}^i, \cdots, \overline{p}_{rs}^I\}$，并通过式（4-4）和式（4-5）可以计算得到乘车方案 $p_{rs}^k = \overline{p}_{rs}^i \in \overline{P}_{rs}(y)$ 的吸流区间 $TR(p_{rs}^k(y)) = TR(\overline{p}_{rs}^i)$；若 p_{rs}^k 在当前不是有效乘车方案，即 $p_{rs}^k \notin \overline{P}_{rs}(y)$，则记该乘车方案的吸流区间 $TR(p_{rs}^k(y)) = \varnothing$。于是，给定当前可用乘车方案集 $P_{rs}^a(y) \subseteq P_{rs}, y \in [1,2,\cdots,\tilde{n}]$ 以及其对应的乘车方案费用集 $C(P_{rs}^a(y))$，对于任意 $p_{rs}^k \in P_{rs}$，在预售期 $y \in [1,2,\cdots,\tilde{n}]$ 它所对应的吸流区间 $TR(p_{rs}^k(y))$ 可以通过屋顶模型计算获得，将其用如下方程表示：

$$TR(p_{rs}^k(y)) = \text{ROOFTOP}(P_{rs}^a(y), C(P_{rs}^a(y)), p_{rs}^k), \quad p_{rs}^k \in P_{rs}, P_{rs}^a(y) \subseteq P_{rs} \quad （6\text{-}8）$$

需要注意的是，上述计算吸流区间的方法，是从乘车方案集 P_{rs} 的运营时段 $[T_{rs}^0, T_{rs}^1]$ 和它的车票预售期 $[\tilde{T}_{rs}^0, \tilde{T}_{rs}^1]$ 不重叠为前提的，然而在实际高铁旅客购票过程中，乘车方案集 P_{rs} 的车票预售期最后一天和运营时段是重叠的，因此，在预售期的最后一天，式（4-5）中的 $t_{r,s,0}$ 是在实时变化的，于是，用式（6-9）修正式（4-5）中 $\overline{p}_{rs}^1 \in \overline{P}_{rs}(y)$ 吸流区间 $TR(\overline{p}_{rs}^1) = [t_{r,s,0}, t_{r,s,1})$ 的起点 $t_{r,s,0}$。

$$t_{r,s,0} = \begin{cases} T_{rs}^0, & \text{购票时间 } y \notin [T_{rs}^0, T_{rs}^1] \\ y, & \text{否则} \end{cases} \quad （6\text{-}9）$$

若某旅客在 $y \in [1,2,\cdots,\tilde{n}]$ 购买了乘车方案 p_{rs}^k 的车票，则该旅客的期望出行时间是在吸流区间 $TR(p_{rs}^k(y))$ 范围内的，而且基于假设 A3 可以得到 $TR(p_{rs}^k(y)) \neq \varnothing$。

记高铁 O-D 对 (r,s) 间某天所有购票出行的旅客集为 $\mathcal{H} = \{1,2,\cdots,H\}$，即他们的购票操作链都可以用式（5-6）表示。对于任意旅客 $h \in \mathcal{H}$，记该旅客的购票操作链为 $TOC_h = \{\boldsymbol{b}_{M_h}, \boldsymbol{c}_{M_h}, \boldsymbol{b}_{M_h-1}, \boldsymbol{c}_{M_h-1}, \cdots, \boldsymbol{b}_m, \boldsymbol{c}_m, \cdots, \boldsymbol{b}_1, \boldsymbol{c}_1, \boldsymbol{b}_0\}$，接下来，我们分 $M_h = 0$ 和 $M_h > 0$，即分为该旅客只有 1 个购票操作 $\boldsymbol{b}_0$ 和该旅客有多个购票操作这两种情况来讨论该旅客的期望出行时间范围 $TP(h)$。

6.2.1 单购票操作期望出行时间范围

对于高铁 O-D 对 (r,s) 间某天任意出行旅客 $h \in \mathcal{H}$，该旅客的购票操作链为 $TOC_h = \{\boldsymbol{b}_{M_h}, \boldsymbol{c}_{M_h}, \boldsymbol{b}_{M_h-1}, \boldsymbol{c}_{M_h-1}, \cdots, \boldsymbol{b}_m, \boldsymbol{c}_m, \cdots, \boldsymbol{b}_1, \boldsymbol{c}_1, \boldsymbol{b}_0\}$，若该旅客只是进行了一个购票操作，即 $M_h = 0$，则该旅客的购票操作链为如式（6-10）所示。

$$TOC_h = \{\boldsymbol{b}_0\} = \begin{cases} p_{rs}^{k_0} \\ y_0 \\ f_{rs}^{k_0} \end{cases} \qquad (6\text{-}10)$$

式（6-10）表示的是旅客 h 在预售期 $y_0 \in [1,2,\cdots,\tilde{n}]$ 对乘车方案 $p_{rs}^{k_0}$ 进行购票操作。在预售期 $y_0 \in [1,2,\cdots,\tilde{n}]$，当前可用乘车方案集 $P_{rs}^a(y_0)$ 以及其对应的乘车方案费用集 $C(P_{rs}^a(y_0))$ 可以从铁路购票系统中提取。因此，可以利用屋顶模型，即式（6-8）求解乘车方案 $p_{rs}^{k_0}$ 所对应的吸流区间 $TR(p_{rs}^{k_0}(y_0))$。同时，由于该旅客购买了乘车方案 $p_{rs}^{k_0}$ 的车票，于是可以推断出该旅客的期望出行时间必定属于 $p_{rs}^{k_0}$ 的吸流区间范围，因此，对于购票操作链是式（6-10）的旅客，她/他的期望出行时间范围 $TP(h)$ 可用式（6-11）计算得到。

$$TP(h) = TR(p_{rs}^{k_0}(y_0)) = \text{ROOFTOP}\left(P_{rs}^a(y_0), C(P_{rs}^a(y_0)), p_{rs}^{k_0}\right) \qquad (6\text{-}11)$$

需要注意的是，通过式（6-11）同样也可以计算出高铁 O-D 对 (r,s) 之间购票出行的旅客集 $\mathcal{H}$ 中的所有旅客的期望出行时间范围，即以式（6-6）中各旅客的最后一个购票操作 $\boldsymbol{b}_0$ 及其对应的可用乘车方案集和乘车方案费用集代入式（6-11）即可。这样处理的好处是操作简单明了，推算旅客的期望出行时间范围速度快；但是式（6-6）中各旅客除了最后一个购票操作 $\boldsymbol{b}_0$ 之外，其他购票操作信息都被忽略了；若是想要更多地利用这些信息来推算更加精确的旅客期望出行时间范围，我们设计了多购票操作期望出行时间范围推算方法，具体见 6.2.2 小节。

6.2.2 多购票操作期望出行时间范围

对于任意旅客 $h \in \mathcal{H}$ 及其购票操作链 TOC_h，若 $M_h \geq 1$，则该旅客的购票操作链至少包括 3 个购票操作，为了更方便地分析这种情况，我们将该旅客的购票操作链重新描述为式（6-12）。

$$TOC_h = \{(b_{M_h}, c_{M_h}, b_{M_h-1}), (b_{M_h-1}, c_{M_h-1}, b_{M_h-2}), \cdots, (b_m, c_m, b_{m-1}), \cdots, (b_1, c_1, b_0)\}$$
$$M_h \geqslant 1 \tag{6-12}$$

式（6-12）可以看成是 M_h 个购票操作单元 $(b_m, c_m, b_{m-1}), m = M_h, M_h-1, \cdots, 1$ 的组合。对于任意购票操作单元 (b_m, c_m, b_{m-1}) 可以具体表示为：

$$(b_m, c_m, b_{m-1}) = \begin{pmatrix} p_{rs}^{k_m} & p_{rs}^{k_m} & p_{rs}^{k_{m-1}} \\ y_m & y'_m & y_{m-1} \\ f_{rs}^{k_m} & e_{rs}^{k_m}(y'_m) & f_{rs}^{k_{m-1}} \end{pmatrix}, \quad m \in \{M_h, M_h-1, \cdots, 1\} \tag{6-13}$$

式（6-13）表示的是旅客将自身所选择的乘车方案从 $p_{rs}^{k_m}$ 调整为 $p_{rs}^{k_{m-1}}$，即旅客 h 在预售期 $y_m \in [0, 1, \cdots, \tilde{n}]$ 时，对乘车方案 $p_{rs}^{k_m} \in P_{rs}^a(y_m)$ 有 1 个购票操作；接着在预售期 $y'_m \in [0, 1, \cdots, \tilde{n}](y'_m > y_m)$，该旅客对 $p_{rs}^{k_m}$ 进行了退票操作；然后在预售期 $y_{m-1}(y_{m-1} > y'_m)$，她/他对乘车方案 $p_{rs}^{k_{m-1}}$ 又进行了一个购票操作。总的来说，旅客的这种乘车方案调整可以归纳为如下两个原因：

原因 R1　旅客本来就更加倾向于乘车方案 $p_{rs}^{k_{m-1}}$（出行费用更低），但是在前一次购票时间 y_m 时，$p_{rs}^{k_{m-1}}$ 的车票是不可售状态，即 $g_{rs}^{k_{m-1}}(y_m) = 0$。

原因 R2　由于旅客本身出行目的发生了变化导致她/他期望出行时间也跟着发生变化，于是旅客按照新的期望出行时间，调整了自己的乘车方案。

接下来本书先讨论根据不同的乘车方案调整原因怎样去推算旅客的期望出行时间范围；然后再归纳怎样去识别旅客乘车方案调整的原因。

若旅客的乘车方案从 $p_{rs}^{k_m}$ 调整为 $p_{rs}^{k_{m-1}}$ 是因为原因 R2，那么在 $p_{rs}^{k_{m-1}}$ 及其之前的购票操作都是跟该旅客的实际出行无关的，因此在推算该旅客的期望出行时间范围时也就无需考虑以上这些操作了。接下来，本书以 $M_h = 1$ 为例来展示如何进行期望出行时间范围推算。

对于任意旅客 $h \in \mathcal{H}$ 及其购票操作链 TOC_h，若 $M_h = 1$，则该旅客的购票操作链如下：

$$TOC_h = \{b_1, c_1, b_0\} = \begin{pmatrix} p_{rs}^{k_1} & p_{rs}^{k_1} & p_{rs}^{k_0} \\ y_1 & y'_1 & y_0 \\ f_{rs}^{k_1} & e_{rs}^{k_1}(y'_1) & f_{rs}^{k_0} \end{pmatrix}$$

若该旅客将自身的乘车方案由 $p_{rs}^{k_1}$ 调整为 $p_{rs}^{k_0}$ 是由原因 R2 引起，则通过前面分析可以得知，该旅客由于调整了出行目的，实际出行需求只跟乘车方案 $p_{rs}^{k_0}$ 有关，于是该旅客的期望出行时间范围 $TP(h)$ 可以用（6-11）计算得到，即 $TP(h) = TR(p_{rs}^{k_0}(y_0)) = \text{ROOFTOP}(P_{rs}^a(y_0), C(P_{rs}^a(y_0)), p_{rs}^{k_0})$。

若该旅客将自身的乘车方案由 $p_{rs}^{k_1}$ 调整为 $p_{rs}^{k_0}$ 是由原因 R1 引起，那么该旅客的期望出行时间范围是跟购票操作 $\boldsymbol{b}_1, \boldsymbol{c}_1, \boldsymbol{b}_0$ 都相关的。首先，根据购票操作 $\boldsymbol{b}_0$，通过前面的分析可以得到该旅客的期望出行时间范围是属于 $TR(p_{rs}^{k_0}(y_0)) = \text{ROOFTOP}(P_{rs}^a(y_0), C(P_{rs}^a(y_0)), p_{rs}^{k_0})$ 的；类似的，对于购票操作 $\boldsymbol{b}_1$，可得到该旅客的期望出行时间范围是属于 $TR(p_{rs}^{k_1}(y_1)) = \text{ROOFTOP}(P_{rs}^a(y_1), C(P_{rs}^a(y_1)), p_{rs}^{k_1})$；另外，由于旅客调整自身乘车方案是由于原因 R1，那么意味着 $p_{rs}^{k_0}$ 是更加适合于该旅客的，只是在 y_1 时刻它没有车票可售，即 $g_{rs}^{k_0}(y_1) = 0$。这就暗示着如果乘车方案 $p_{rs}^{k_0}$ 的车票在 y_1 时刻是可售的，即 $g_{rs}^{k_0}(y_1) = 1$，那么即使存在一个退票惩罚费用 $l_{rs}^{k_1}(y_1') = f_{rs}^{k_1} - e_{rs}^{k_1}(y_1')$ 这个旅客也会选择乘车方案 $p_{rs}^{k_0}$。这就意味着，在修正的乘车方案集 $P_{rs}^a(y_1) \bigcup \{p_{rs}^{k_0}\}$ 和修正的乘车方案费用 $\bar{c}_{rs}^{k_0}(y_1)$ 条件下，乘车方案 $p_{rs}^{k_0}$ 在预售期 y_1 时将会是有效乘车方案，其中，$\bar{c}_{rs}^{k_0}(y_1)$ 的计算式如式（6-14）所示。

$$\bar{c}_{rs}^{k_0}(y_1) = c_{rs}^{k_0} + l_{rs}^{k_1}(y_1') = c_{rs}^{k_0} + f_{rs}^{k_1} - e_{rs}^{k_1}(y_1') \tag{6-14}$$

于是就可以得到，该旅客的期望出行时间也会在乘车方案 $p_{rs}^{k_0}$ 在预售期 y_1 时刻所对应的吸流区间 $TR(p_{rs}^{k_0}(y_1))$ 内，$TR(p_{rs}^{k_0}(y_1))$ 可以用式（6-15）表示。

$$TR(p_{rs}^{k_0}(y_1)) = \text{ROOFTOP}(P_{rs}^a(y_1) \bigcup \{p_{rs}^{k_0}\}, C(P_{rs}^a(y_1)) \bigcup \{\bar{c}_{rs}^{k_0}(y_1)\}, p_{rs}^{k_0}) \tag{6-15}$$

综合以上，就可以得到：若旅客的乘车方案由 $p_{rs}^{k_1}$ 调整为 $p_{rs}^{k_0}$ 是由原因 **R1** 所引起，那么其期望出行时间范围就属于吸流区间 $TR(p_{rs}^{k_0}(y_0))$、$TR(p_{rs}^{k_1}(y_1))$ 和 $TR(p_{rs}^{k_0}(y_1))$ 交集范围，即式（6-16）。

$$TP(h) = TR(p_{rs}^{k_0}(y_0)) \bigcap TR(p_{rs}^{k_1}(y_1)) \bigcap TR(p_{rs}^{k_0}(y_1)) = \bigcap_{u=0}^{m} \bigcap_{v=0}^{u} TR(p^{k_v}(y_u)) \tag{6-16}$$

接下来，本书讨论如何判断旅客的乘车方案调整到底是由哪个原因引起的。我们同样以上述 $M_h = 1$ 时旅客的购票操作链为例来进行说明。

通过从售票系统提取的信息，若 $p_{rs}^{k_0} \in P_{rs}^a(y_1)$，那么意味着乘车方案 $p_{rs}^{k_0}$ 在预售期 y_1 时就是可用乘车方案，但是该旅客在 y_1 时却对乘车方案 $p_{rs}^{k_1}$ 购票，说明在该时刻对于这位旅客来说乘车方案 $p_{rs}^{k_1}$ 是最优的（出行费用最小）；而在接下来的预售期 y_0 时刻该旅客又将调整乘车方案至 $p_{rs}^{k_0}$，说明此时对于该旅客来说乘车方案 $p_{rs}^{k_0}$ 是最优的，这就意味着从 y_1 至 y_0，旅客本身的出行目的发生变化了，即该旅客的乘车方案调整是由于原因 R2 所引起的。上述也同样等价于 $\bigcap_{u=0}^{m}\bigcap_{v=0}^{u} TR(p_{rs}^{k_v}(y_u)) = \varnothing$，即式（6-16）是空集，购票操作 b_1 和 b_0 相互冲突。于是，可以归纳如下：若 $p_{rs}^{k_0} \notin P_{rs}^a(y_1)$ 或者 $\bigcap_{u=0}^{m}\bigcap_{v=0}^{u} TR(p_{rs}^{k_v}(y_u)) \neq \varnothing$，那么该旅客的乘车方案调整是由于原因 R2 所引起的；否则，即 $p_{rs}^{k_0} \notin P_{rs}^a(y_1)$ 并且 $\bigcap_{u=0}^{m}\bigcap_{v=0}^{u} TR(p_{rs}^{k_v}(y_u)) \neq \varnothing$，那么该旅客的调整方案调整是由于原因 R1 所引起的。

需要注意的是，上述讨论是基于一次乘车方案调整所进行的旅客调整原因判断和出行时间范围推算，在实际旅客购票过程中，可能会存在旅客进行多次乘车方案调整的情况，为了解决这种情况下的乘车方案调整原因判断和旅客期望出行时间范围推算，我们基于上述过程设计算法 6.1。

算法 6.1 期望出行时间范围推算算法

输入 高铁 O-D 对 (r,s) 间的运营时段 $[T_{rs}^0, T_{rs}^1]$、乘车方案集 P_{rs}；任意 $p_{rs}^k \in P_{rs}$ 的乘车方案费用 c_{rs}^k 和其在车站 r 的发车时刻 t_r^k，旅客 $h \in \mathcal{H}$ 的购票操作链 $TOC_h = \{b_{M_h}, c_{M_h}, b_{M_h-1}, c_{M_h-1}, \cdots, b_m, c_m, \cdots, b_1, c_1, b_0\}$；

输出 旅客 h 的期望出行时间范围 $TP(h)$。

开始
若 $M_h = 0$ 成立
  则利用式（5-11）计算该旅客的期望出行时间范围 $TP(h)$，输出；
否则
  记 $m = 1$；
  当 $m \leq M_h$ 时，执行如下循环
    开始 1
      若 $p_{rs}^{k_v} \notin P_{rs}^a(y_m)$ 对所有 $m-1 \leq v \leq 0$ 成立，且
      $\bigcap_{u=0}^{m}\bigcap_{v=0}^{u} TR(p_{rs}^{k_v}(y_u)) \neq \varnothing$ 成立

若 $m < M_h$

$m \leftarrow m+1$；

否则

$\bar{M}_h \leftarrow M_h$，返回 1；

否则

$\bar{M}_h \leftarrow m-1$，返回 1；

返回 1

利用式 $TP(h) = \bigcap_{u=0}^{\bar{M}_h} \bigcap_{v=0}^{u} TR(p_{rs}^{k_v}(y_u))$ 计算旅客期望出行时间范围并输出；

结束

6.2.3 期望出行时间范围算例分析

图 6-1 是一个由于原因 R1 而调整乘车方案的旅客期望出行时间范围推算例子。如图 6-1 所示，给定高铁 O-D 对 (r,s) 间的 7 个乘车方案 $p_{rs}^1, p_{rs}^2, \cdots, p_{rs}^7$，对于旅客 $h \in \mathcal{H}$，他的购票操作链为

$$TOC_h = \{\boldsymbol{b}_1, \boldsymbol{c}_1, \boldsymbol{b}_0\} = \begin{Bmatrix} p_{rs}^6 & p_{rs}^6 & p_{rs}^4 \\ y_1 & y_2' & y_0 \\ f_{rs}^6 & e_{rs}^6(y_1') & f_{rs}^4 \end{Bmatrix}$$

在预售期 y_1，当前可用乘车方案集 $P_{rs}^a(y_1) = \{p_{rs}^1, p_{rs}^2, p_{rs}^3, p_{r}^6, p_{rs}^7\}$，有效乘车方案集 $\bar{P}_{rs}(y_1) = \{p_{rs}^1, p_{rs}^3, p_{rs}^6, p_{rs}^7\}$。旅客 h 在预售期 y_1 对乘车方案 p_{rs}^6 进行了一个购票操作，于是在该时刻她/他的期望出行时间应该是属于吸流区间 $TR(p_{rs}^6(y_1))$ 范围内的，即图 6-1 中的蓝色箭头所示。

随着购票过程的继续，有效乘车方案 p_{rs}^1, p_{rs}^3 和 p_{rs}^6 的能力达到饱和，并且在预售期 y_0 时，乘车方案 p_{rs}^4 的车票状态转为有效状态，于是当前可用乘车方案集 $P^a(y_0) = \{p_{rs}^2, p_{rs}^4, p_{rs}^7\}$，有效乘车方案集 $\bar{P}(y_0) = \{p_{rs}^2, p_{rs}^4, p_{rs}^7\}$。由于旅客 h 在预售期 y_0 对乘车方案 p_{rs}^4 进行购票操作，于是在该时刻她/他的期望出行时间应该是属于吸流区间 $TR(p_{rs}^4(y_0))$ 范围内的，即图 6-2 中的橘黄色箭头所示。

图 6-1 原图
请扫码观看

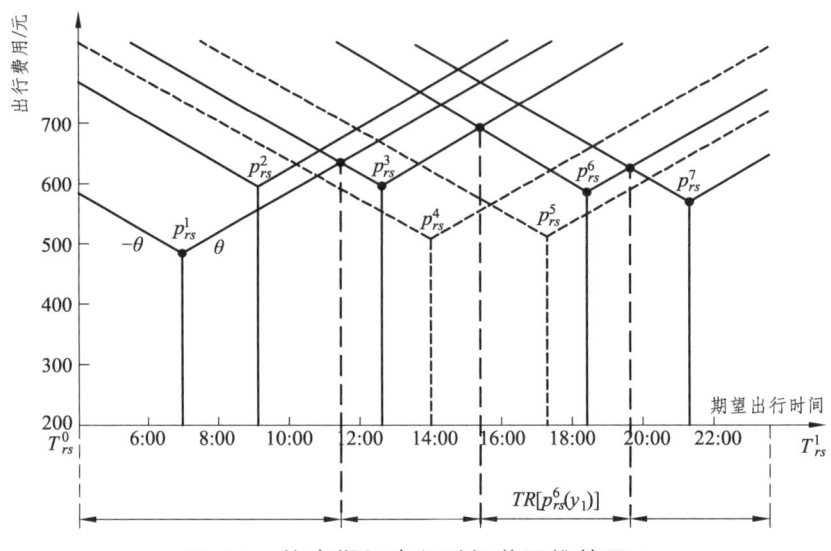

图 6-1　旅客期望出行时间范围推算图 1

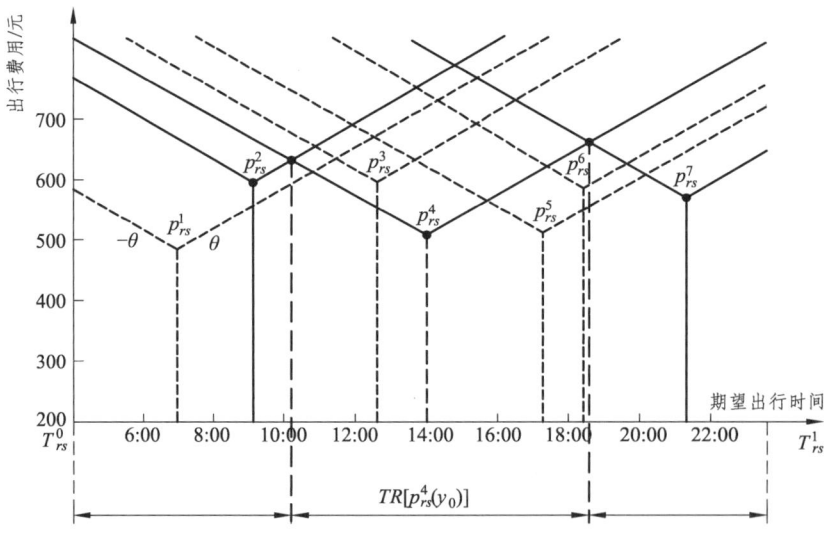

图 6-2　旅客期望出行时间范围推算图 2

另外，若乘车方案 p_{rs}^4 的车票在预售期 y_1 是有效状态，那么即使存在退票惩罚费用 $l_{rs}^6(y_1') = [f_{rs}^6 - e_{rs}^6(y_1')]$，该旅客也同样会对 p_{rs}^4 进行购票操作，即在预售期 y_1 时，乘车方案集 $P_{rs}^a(y_1) \cup \{p_{rs}^4\}$ 中的 p_{rs}^4 将会是有效乘车方案。于是该旅

图 6-2 原图请扫码观看

客的期望出行时间应该是属于吸流区间 $TR[p_{rs}^4(y_1)]$ 范围内的,即图6-3中的紫色箭头所示。因此,该旅客的期望出行时间范围 $TP(h) = TR(p_{rs}^6(y_1)) \bigcap TR(p_{rs}^4(y_0)) \bigcap TR(p_{rs}^4(y_1))$,即图6-4中的红色箭头所示。

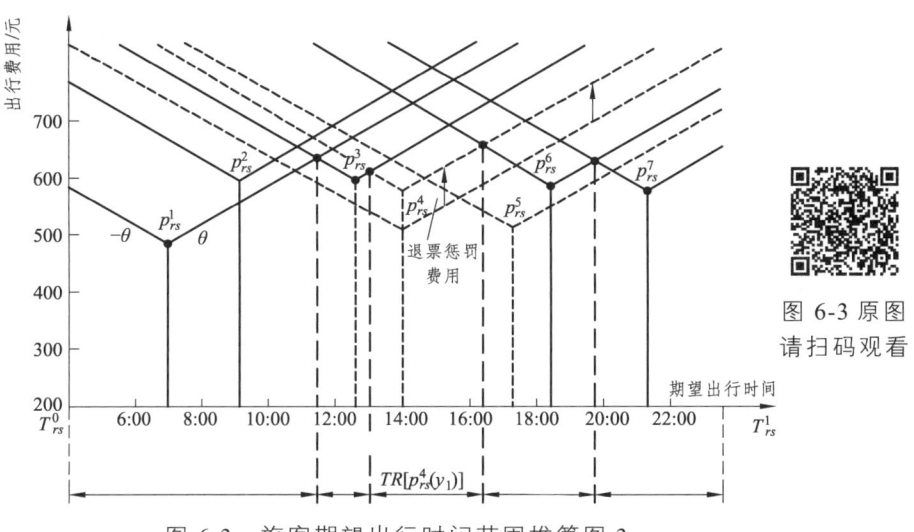

图 6-3 旅客期望出行时间范围推算图 3

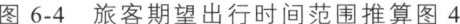

图 6-4 旅客期望出行时间范围推算图 4

6.3 时变需求分布最大熵估计

6.3.1 最大熵模型

通过前面的分析，虽然可以得到旅客的期望出行时间范围，但仍然无法计算出每个旅客具体的期望出行时间。在本节，将基于每个旅客的期望出行时间范围，构建最大熵模型来估计旅客的时变需求分布。

熵是一个物理学概念，它是描述事物无序性的参数，熵越大，则无序性越强。从宏观层面讲（根据热力学定律），一个体系的熵等于其可逆过程吸收或耗散的热量除以它的绝对温度；从微观层面讲，熵是大量微观粒子的位置和速度的分布概率的函数[104]。

从信息论的角度讲，信息（知识）是人们对于事物了解的不确定性的消除或减少，不确定的程度称为信息熵。当需要对一个随机事件的概率分析进行预测时，我们的预测应当满足全部的已知条件，而对未知条件不做任何主观假设，没有任何偏见，此时，概率分布是最均匀的，预测风险是最小的，保留最大的不确定性，概率分布的信息熵也最大，这就是最大熵原则。利用部分信息确定随机变量集合概率分布的方法，称为最大熵原理[103-104]。

最大熵原理对于未知信息没有做任何的假设，而是考虑了所有的可能状态并基于已知信息选择最大可能状态（Teye et al. 2017）[105]。Wilson（1970）[106]、Van Zuylen and Willumsen（1980）[107]以及 Xie et al.,（2011）[108]基于路段观测流量提出了最大熵模型来预测最大可能性的道路网络 O-D 流。Wong and Tong （1998）[87]基于实时监测的路段流量使用最大熵方法来估计时变的公交网络 O-D 矩阵。

在道路交通网络中，构建最大熵模型时，每一个出行都可以视为不同的，即使是起点和终点都相同的出行也一样被视为是不同的出行，于是需求总量 Q 在 O-D 矩阵上的任意一种分配都可以被视为一种状态，而且每个状态具有相同的发生概率。于是，状态 $[q_{ij}]$ 可能发生的次数就是组合数 $\begin{pmatrix} Q \\ q_{11} \end{pmatrix} \begin{pmatrix} Q-q_{11} \\ q_{12} \end{pmatrix} \begin{pmatrix} Q-q_{11}-q_{12} \\ q_{13} \end{pmatrix} \cdots \begin{pmatrix} Q-\sum_{i=1}^{n}\sum_{j=1}^{n-1}q_{ij} \\ q_{nn} \end{pmatrix} = \dfrac{Q!}{\prod_{i=1}^{n}\prod_{j=1}^{n}q_{ij}!}$，其中，

$Q = \sum_{i=1}^{n}\sum_{j=1}^{n} q_{ij}$。最大熵模型的目标函数就是找到最大组合数 $\dfrac{Q!}{\prod_{i=1}^{n}\prod_{j=1}^{n} q_{ij}!}$ 所对应的 O-D 矩阵，即最大可能发生的 O-D 矩阵。由于最大化 $\dfrac{Q!}{\prod_{i=1}^{n}\prod_{j=1}^{n} q_{ij}!}$ 等价于最大化 $\ln\dfrac{Q!}{\prod_{i=1}^{n}\prod_{j=1}^{n} q_{ij}!} = \ln Q! - \sum_{i=1}^{n}\sum_{j=1}^{n} \ln q_{ij}!$，而 $\ln Q!$ 是一个跟决策变量无关的定值，并且，通过应用 Stirling's approximation 准则，目标函数可以转化为如下式子：

$$\max Z = -\sum_{i=1}^{n}\sum_{j=1}^{n}(q_{ij}\ln q_{ij} - q_{ij})$$

在本书中，由于只计算得到各个旅客的期望出行时间范围，而旅客精确的期望出行时间点信息还无法获得，因此，基于上述已知信息，我们在对其他未知信息不提出任何假设的情况下，构建一个最大熵模型来估计一个最大可能性的时变需求分布。

为了方便描述，我们将高铁 O-D 对 (r,s) 间运营时间范围 $[T_{rs}^0, T_{rs}^1]$ 用一个单位时间间隔离散化 τ 离散化为 n 个相等的时间间隔，其中 $\tau = \dfrac{T_{rs}^1 - T_r^0}{n}, T_{rs}^1 = T_{rs}^0 + n\cdot\tau$，于是 (r,s) 间运营时间范围可以表示为 $[1,2,\cdots,n]$。同样的，旅客 $h\in\mathcal{H}$ 的期望出行时间范围 $TP(h)$ 也可以用单位时间间隔 τ 离散化为相等的时间间隔，于是旅客 h 的期望出行时间范围可以表示为 $TP(h)=\{\check{x}_h, \check{x}_h+1,\cdots,\hat{x}_h\}$；另外 $Q_{rs}^h(x)$ 表示旅客 h 的出行需求在 $x\in\{\check{x}_h,\check{x}_h+1,\cdots,\hat{x}_h\}$ 的概率。接下来，我们构建高速铁路旅客时变需求分布估计的最大熵模型 **P1** 如下。

我们视各个旅客都为不同的个体，于是时变需求分布 $Q_{rs}=\{Q_{rs}(x), x=1,2,\cdots,n\}$（$Q = \sum_{x=1}^{n} Q_{rs}(x)$）可以被视为一种状态，且任意一种状态都具有相同的发生概率。于是状态 $Q_{rs}=\{Q_{rs}(x), x=1,2,\cdots,n\}$ 可能发生的次数是从需求总量 Q 中分别依次选取 $Q_{rs}(1), Q_{rs}(2),\cdots,Q_{rs}(n)$ 的组合数，即

$$z = \begin{pmatrix} Q \\ Q_{rs}(1) \end{pmatrix} \begin{pmatrix} Q - Q_{rs}(1) \\ Q_{rs}(2) \end{pmatrix} \begin{pmatrix} Q - \sum_{i=1}^{2} Q_{rs}(i) \\ Q_{rs}(3) \end{pmatrix} \cdots \begin{pmatrix} Q - \sum_{i=1}^{n-1} Q_{rs}(i) \\ Q_{rs}(n) \end{pmatrix}$$

$$= \frac{Q!}{\prod_{x=1}^{n} Q_{rs}(x)!}$$

最大熵原则就是找到在满足所有约束条件情况下的组合数最大的 z，并获得其对应的时变需求分布。由于最大化 z 等价于最大化 $\ln z$，而 $\ln z$ 可以表示为如下式子：

$$\ln z = \ln Q! - \sum_{x=1}^{n} \ln Q_{rs}(x)!$$

然后通过应用 Stirling's approximation 准则可以得到如下式子：

$$\ln z = \ln Q! - \sum_{x=1}^{n} \left(Q_{rs}(x) \ln Q_{rs}(x) - Q_{rs}(x) \right)$$

由于 $\ln Q!$ 是一个跟决策变量无关的恒定值，于是最大化 $\ln z$ 可以等价于最大化如下式子：

$$\max Z = -\sum_{x=1}^{n} \left[Q_{rs}(x) \ln Q_{rs}(x) - Q_{rs}(x) \right]$$

因此，构建高速铁路旅客客流时变需求分布估计的最大熵模型如下：

$$\min Z = \sum_{x=1}^{n} \left[Q_{rs}(x) \ln Q_{rs}(x) - Q_{rs}(x) \right] \quad (6\text{-}17)$$

s.t.

$$\sum_{x=\check{x}_h}^{\hat{x}_h} Q_{rs}^h(x) = 1, \quad h = 1, 2, \cdots, H \quad (6\text{-}18)$$

$$Q_{rs}^h(x) \geqslant 0, \quad x = \check{x}_h, \check{x}_h + 1, \cdots, \hat{x}_h, h = 1, 2, \cdots, H \quad (6\text{-}19)$$

$$Q_{rs}(x) = \sum_{h=1}^{H} Q_{rs}^h(x) \sigma_x^h, \quad x = 1, 2, \cdots, n \quad (6\text{-}20)$$

其中

$$\sigma_x^h = \begin{cases} 1, & x \in \{\check{x}_h, \check{x}_h + 1, \cdots, \hat{x}_h\} \\ 0, & \text{否则} \end{cases}, \quad x = 1, 2, \cdots, n, h = 1, 2, \cdots, H \quad (6\text{-}21)$$

上述最大熵模型（P1）中，目标函数式（6-17）表示的是熵值最大化，其中 $Q_{rs}(x), x=1,2,\cdots,n$ 是我们需要求解的旅客客流时变需求分布；式（6-18）用来确保每个旅客在各自期望出行时间范围内所分配的需求之和等于 1；式（6-19）是非负约束，即确保每个旅客在各自期望出行时间范围内所分配的需求大于或等于 0；式（6-20）和（6-21）是计算期望出行时间在 $x=1,2,\cdots,n$ 的旅客出行需求量，其中，σ_x^h 为 0-1 标识变量，若时间点 x 属于旅客 h 的期望出行时间范围 $TP(h)=\{\check{x}_h,\check{x}_h+1,\cdots,\hat{x}_h\}$，则其值为 1，否则为 0。

为了分析模型 **P1** 的最优解，我们构造它的拉格朗日（Lagrange）方程如下：

$$L(\mathbf{Q},\boldsymbol{\omega},\boldsymbol{\lambda}) = \sum_{x=1}^{n}[Q_{rs}(x)\ln Q_{rs}(x) - Q_{rs}(x)] - \sum_{h=1}^{H}\sum_{x=\check{x}_h}^{\hat{x}_h}\omega_{xh}Q_{rs}^h(x)$$

$$-\sum_{h=1}^{H}\lambda_h\left[\sum_{x=\check{x}_h}^{\hat{x}_h}Q_{rs}^h(x)-1\right]$$

其中，λ_h 和 ω_{xh} 分别是式（6-18）和（6-19）所对应的拉格朗日乘子。

于是上述问题的 Kuhn-Tucker（KT）条件可以描述为如下：

$$\frac{\partial L(\mathbf{Q},\boldsymbol{\omega},\mathbf{v})}{\partial Q_{rs}^h(x)} = \ln Q_{rs}(x) - \omega_{xh} - \lambda_h = 0$$

$$x = \check{x}_h, \check{x}_h+1, \cdots, \hat{x}_h; h=1,2,\cdots,H \tag{6-22}$$

$$\sum_{x=\check{x}_h}^{\hat{x}_h}Q_{rs}^h(x) - 1 = 0, \quad h=1,2,\cdots,H \tag{6-23}$$

$$Q_{rs}^h(x) \geq 0, \quad x=\check{x}_h,\check{x}_h+1,\cdots,\hat{x}_h; h=1,2,\cdots,H \tag{6-24}$$

$$\omega_{xh} \geq 0, \quad x=\check{x}_h,\check{x}_h+1,\cdots,\hat{x}_h; h=1,2,\cdots,H \tag{6-25}$$

$$\omega_{xh}Q_{rs}^h(x) = 0, \quad x=\check{x}_h,\check{x}_h+1,\cdots,\hat{x}_h; h=1,2,\cdots,H \tag{6-26}$$

根据上述式（6-22）和式（6-24）—（6-26）可以得到：

$$\ln Q_{rs}(x) > \lambda_h \Rightarrow Q_{rs}^h(x) = 0 \tag{6-27}$$

$$Q_{rs}^h(x) > 0 \Rightarrow \ln Q_{rs}(x) = \lambda_h \tag{6-28}$$

注意到，上述式子中，$-\ln Q_{rs}(x)$ 表示的是在时间点 $x \in \{0,1,\cdots,n\}$ 需求熵阻抗，$-\lambda_h$ 表示旅客 h 的熵阻抗，另外我们将旅客 h 在其自身期望出

行时间范围中有分配需求量，即 $Q_{rs}^h(x) > 0$ 的时间点集合表示为 $\overline{TP}(h) = \{x | Q_{rs}^h(x) > 0, x = \check{x}_h, \check{x}_h + 1, \cdots, \hat{x}_h\}$，于是从模型 P1 可以得到如下推论：

推论 6.1 在最大熵的时变需求分布（模型 P1 的解）情况下，对于任意旅客 h，若她/他的熵阻抗 $-\lambda_h > -\ln Q_{rs}(x)$，则该旅客在该时间点 x 没有分配需求，即 $Q_{rs}^h(x) = 0$；若在时间点 x 该旅客有分配需求，即 $Q_{rs}^h(x) > 0$，则旅客 h 的熵阻抗等于该时刻的熵阻抗，即 $-\lambda_h > -\ln Q_{rs}(x)$。

证明 推论 6.1 是对式（6-27）和（6-28）的具体描述，而这两个式子的推导在前面已经介绍，这里不再重复。□

推论 6.2 最大熵的时变需求分布（模型 P1 的解）具有如下特征：

（1）对于任意时间点 $x \in \overline{TP}(h)$，都有需求 $Q_{rs}(x) = e^{\lambda_h}$；

（2）若 $\overline{TP}(h_1) \cap \overline{TP}(h_2) \neq \varnothing$，那么对于任意 $x \in \overline{TP}(h_1) \cup \overline{TP}(h_2)$，都有 $Q_{rs}(x) = e^{\lambda_{h_1}} = e^{\lambda_{h_2}}$。

证明 根据式（6-28），当 $Q_h(x) > 0$ 时，可以得到式 $\ln Q_{rs}(x) = \lambda_h$，即 $Q_{rs}(x) = e^{\lambda_h}$，于是对于任意 $x \in \overline{TP}(h)$ 时刻，它的需求 $Q_{rs}(x) = e^{\lambda_h}$。

若 $\overline{TP}(h_1) \cap \overline{TP}(h_2) \neq \varnothing$，记 $x^* \in \overline{TP}(h_1) \cap \overline{TP}(h_2)$，由于 $x^* \in \overline{TP}(h_1)$，可以得到 $Q_{rs}(x^*) = e^{\lambda_{h_1}}$；同样类似的，由于 $x^* \in \overline{TP}(h_2)$，可以得到 $Q_{rs}(x^*) = e^{\lambda_{h_2}}$，于是可以推导得到 $Q(x^*) = e^{\lambda_{h_1}} = e^{\lambda_{h_2}}$。而对于任意 $x \in \overline{TP}(h_1)$，它的需求 $Q_{rs}(x) = e^{\lambda_{h_1}}$，且对于任意 $x \in \overline{TP}(h_2)$，它的需求 $Q_{rs}(x) = e^{\lambda_{h_2}}$。因此，对于任意 $x \in \overline{TP}(h_1) \cup \overline{TP}(h_2)$，该时刻的需求 $Q_{rs}(x) = e^{\lambda_{h_1}} = e^{\lambda_{h_2}}$。□

推论 6.3 最大熵模型 P1 的最优解是唯一的。

证明 目标函数（6-17）的 Hessian 矩阵，即关于 $Q_{rs}(x), x = 0, 1, \cdots, n$ 的偏导可以表示为：

$$\nabla^2 L = \begin{bmatrix} \dfrac{1}{Q_{rs}(1)} & 0 & \cdots & 0 \\ 0 & \dfrac{1}{Q_{rs}(2)} & 0 & 0 \\ \vdots & \vdots & \ddots & \vdots \\ 0 & 0 & \cdots & \dfrac{1}{Q_{rs}(n)} \end{bmatrix}$$

显然，上述 Hessian 矩阵是一个正定矩阵；另外，由于可行域式（6-18）—式（6-21）是一个闭凸集，因此，模型 P1 的最优解是唯一的。□

6.3.2 时变需求分布最大熵估计算法

对于上述最大熵模型 P1,可以利用 Frank-Wolfe 算法[109]或者类似的凸组合方法来求解,于是对应的求解算法见算法 6-2:

算法 6.2 基于最大熵的高铁时变需求分布估计算法

第 0 步 获得一个初始可行解。设 w 为迭代次数,并记 $w=0$。另外,一个初始可行解 $Q_{rs}^w(x), x\in\{0,1,\cdots,n\}$ 可以通过如下均匀分布获得:

$$Q_{rs}^h(x) = \frac{1}{\hat{x}_h - \check{x}_h + 1}, \quad x\in\{\check{x}_h,\check{x}_h+1,\cdots,\hat{x}_h\}, h=1,2,\cdots,H$$

其中 $Q_{rs}^0(x)$ 可以通过下式计算获得:

$$Q_{rs}^0(x) = \sum_{h=1}^{H} Q_{rs}^h(x)\sigma_x^h, \quad x=1,2,\cdots,n$$

$$\sigma_x^h = \begin{cases} 1, & x\in\{\check{x}_h,\check{x}_h+1,\cdots,\hat{x}_h\} \\ 0, & \text{otherwise} \end{cases}, \quad x=1,2,\cdots,n; h=1,2,\cdots,H$$

第 1 步 查找下降方向。$y(x), \forall x\in\{0,1,\cdots,n\}$ 可以通过求解如下线性问题(P2)获得:

$$\min \sum_{x=1}^{n} y(x) \ln Q_{rs}^w(x)$$

s.t.

$$\sum_{x=\check{x}_h}^{\hat{x}_h} Q_{rs}^h(x) = 1, \quad h=1,2,\cdots,H$$

$$Q_{rs}^h(x) \geqslant 0, \quad x=\check{x}_h,\check{x}_h+1,\cdots,\hat{x}_h, h=1,2,\cdots,H$$

其中 $y(x)$ 可以通过如下式计算

$$y(x) = \sum_{h=1}^{H} Q_{rs}^h(x)\sigma_x^h, \quad x=1,2,\cdots,n$$

$$\sigma_x^h = \begin{cases} 1, & x\in\{\check{x}_h,\check{x}_h+1,\cdots,\hat{x}_h\} \\ 0, & \text{otherwise} \end{cases}, \quad x=1,2,\cdots,n; h=1,2,\cdots,H$$

第 2 步 计算步长。通过求解下面的线性搜索问题计算获得最优 δ 值:

$$\min \sum_{x=1}^{n} \left(\left(Q_{rs}^w(x) + \delta\left(y(x) - Q_{rs}^w(x)\right) \right) \ln \left(Q_{rs}^w(x) + \delta\left(y(x) - Q_{rs}^w(x)\right) \right) - \left(Q_{rs}^w(x) + \delta\left(y(x) - Q_{rs}^w(x)\right) \right) \right)$$

s.t.
$$0 \leqslant \delta \leqslant 1$$

第 3 步 解更新。通过式 $Q_{rs}^{w+1}(x) = Q_{rs}^w(x) + \delta\left(y(x) - Q_{rs}^w(x)\right)$ 更新解。

第 4 步 收敛判断。如果满足收敛准则 $\sum_{x=1}^{n} \dfrac{\left| Q_{rs}^{w+1}(x) - Q_{rs}^w(x) \right|}{\dfrac{Q_t^{w+1}}{n}} < \varepsilon$（Xie 等 2011[108]），则输出 $Q_{rs}^{w+1}(x), x \in \{1,2,\cdots,n\}$，并结束；否则，记 $w = w+1$，返回第 1 步。

6.4 算例分析

6.4.1 算例输入

高速铁路 O-D 对 (r,s) 间在有 10 个乘车方案，各个乘车方案的相关信息如表 6-1 所示，这些信息都可以从售票系统中提取获得。同时，高铁 O-D 对 (r,s) 间的运营时间 $[T_{rs}^0, T_{rs}^1] = [6:00, 23:00]$，单位时间间隔 $\tau = 1\min$，于是 $[T_{rs}^0, T_{rs}^1] = [1, 2, \cdots, 1\,020]$。旅客的时间价值 $\alpha = \theta = 0.5$ 元/min。

表 6-1 乘车方案信息表

乘车方案编号	发车时刻	旅行时间/min	车票价格/元	购票量/人
G1	6:55	136	200	3
G3	7:30	90	200	7
G5	9:00	100	200	7
G7	10:05	180	200	5
G9	12:30	155	200	3
G11	14:20	140	200	6
G13	17:05	180	200	5
G15	18:00	100	200	7
G17	19:30	135	200	6
G19	22:15	130	200	1

通过从售票系统中提取的旅客购票操作如表 6-2 所示。从表 6-2 中可以看出，共有 60 个旅客的 81 个购票操作，其中预售期 1 表示所有乘车方案预售期的开始时刻，而预售期的最后 1 个时刻是 81。在表格票价这一列中，200 表示预定车票的价格，而负数表示退票价格。退票价格有 3 种形式：（1）在预售期 1—50，退票手续费是车票价格的 5%；（2）在预售期 51—70，退票手续费是车票价格的 10%；（3）在预售期 71—81，退票价格是车票价格的 20%。通过表 6-2 可以得到每个旅客的购票操作链。例如，旅客 1 只是在预售期 1 对于乘车方案 G3 有一个购票操作；旅客 2 在预售期 2 对乘车方案 G5 有一个购票操作并且在预售期 35 又对乘车方案 G5 进行了退票，退票惩罚费用为 200 - 190 = 10 元；而旅客 27 在预售期 29 对乘车方案 G5 有一个购票操作，并且在预售期 61 将该车票退票，此时退票费用为 200 - 180 = 20 元。

原表 6-2
请扫码观看

表 6-2 旅客购票操作记录表

旅客	1	2	2	3	4	5	6	6	7	8	9	10
乘车方案	G3	G5	G5	G15	G3	G15	G5	G5	G15	G3	G15	G5
预售期	1	2	35	3	4	5	6	41	7	8	9	10
价格/元	200	200	-190	200	200	200	200	-190	200	200	200	200
旅客	10	11	11	12	13	13	14	15	16	17	17
乘车方案	G5	G3	G3	G11	G5	G5	G17	G3	G3	G15	G5	G5
预售期	46	11	27	12	13	50	14	15	32	16	17	53
价格/元	-190	200	-190	200	200	-190	200	200	-190	200	200	-180
旅客	18	19	20	20	21	22	22	23	24	25	25	25
乘车方案	G17	G15	G3	G3	G17	G5	G5	G3	G9	G1	G1	G3
预售期	18	19	20	38	21	22	57	23	24	25	28	28
价格/元	200	200	200	-190	200	200	-190	200	200	200	-190	200
旅客	26	27	27	28	28	28	29	29	29	30	30	30
乘车方案	G11	G5	G5	G7	G7	G5	G1	G1	G3	G7	G7	G5
预售期	26	29	61	30	36	36	31	33	33	34	42	42
价格/元	200	200	-180	200	-190	200	200	-190	200	200	-190	200

续表

旅客	31	31	31	32	33	34	34	34	35	36	36	36
乘车方案	G1	G1	G3	G1	G1	G7	G7	G5	G7	G7	G7	G5
预售期	37	39	39	40	43	44	47	47	45	48	51	51
价格/元	200	-190	200	200	200	200	-190	200	200	200	-180	200
旅客	37	38	38	38	39	40	40	40	41	42	42	42
乘车方案	G7	G7	G7	G5	G1	G7	G7	G5	G7	G7	G7	G5
预售期	49	52	54	54	55	56	58	58	59	60	62	62
价格/元	200	200	-180	200	200	200	-180	200	200	200	-180	200
旅客	43	44	45	46	47	48	49	50	51	52	53	54
乘车方案	G7	G17	G7	G15	G13	G11	G17	G13	G17	G9	G13	G9
预售期	63	64	65	66	67	68	69	70	71	72	73	74
价格/元	200	200	200	200	200	200	200	200	200	200	200	200
旅客	55	56	56	56	57	58	59	60				
乘车方案	G11	G19	G19	G11	G19	G13	G11	G13				
预售期	75	76	79	79	77	78	80	81				
价格/元	200	200	-160	200	200	200	200	200				

表 6-3 展示了在预售期内各个乘车方案车票的可售状态。例如，乘车方案 G15 的车票在预售期 1—66 都是可售状态的，即值为 1；然后从预售期 67—81 都是不可售状态的，即值为 0。

原表 6-3
请扫码观看

表 6-3 乘车方案车票可售状态表

预售期	G1	G3	G5	G7	G9	G11	G13	G15	G17	G19
1	1	1	1	1	1	1	1	1	1	1
2	1	1	1	1	1	1	1	1	1	1
3	1	1	1	1	1	1	1	1	1	1
4	1	1	1	1	1	1	1	1	1	1
5	1	1	1	1	1	1	1	1	1	1

续表

预售期	G1	G3	G5	G7	G9	G11	G13	G15	G17	G19
6	1	1	1	1	1	1	1	1	1	1
7	1	1	1	1	1	1	1	1	1	1
8	1	1	1	1	1	1	1	1	1	1
9	1	1	1	1	1	1	1	1	1	1
10	1	1	1	1	1	1	1	1	1	1
11	1	1	1	1	1	1	1	1	1	1
12	1	1	1	1	1	1	1	1	1	1
13	1	1	1	1	1	1	1	1	1	1
14	1	1	1	1	1	1	1	1	1	1
15	1	1	1	1	1	1	1	1	1	1
16	1	1	1	1	1	1	1	1	1	1
17	1	1	1	1	1	1	1	1	1	1
18	1	1	1	1	1	1	1	1	1	1
19	1	1	1	1	1	1	1	1	1	1
20	1	1	1	1	1	1	1	1	1	1
21	1	1	1	1	1	1	1	1	1	1
22	1	1	1	1	1	1	1	1	1	1
23	1	1	1	1	1	1	1	1	1	1
24	1	0	1	1	1	1	1	1	1	1
25	1	0	1	1	1	1	1	1	1	1
26	1	0	1	1	1	1	1	1	1	1
27	1	1	1	1	1	1	1	1	1	1
28	1	1	1	1	1	1	1	1	1	1
29	1	0	1	1	1	1	1	1	1	1
30	1	0	0	1	1	1	1	1	1	1
31	1	0	0	1	1	1	1	1	1	1

续表

预售期	G1	G3	G5	G7	G9	G11	G13	G15	G17	G19
32	1	1	0	1	1	1	1	1	1	1
33	1	1	0	1	1	1	1	1	1	1
34	1	0	0	1	1	1	1	1	1	1
35	1	0	1	1	1	1	1	1	1	1
36	1	0	1	1	1	1	1	1	1	1
37	1	0	0	1	1	1	1	1	1	1
38	1	1	0	1	1	1	1	1	1	1
39	1	1	0	1	1	1	1	1	1	1
40	1	0	0	1	1	1	1	1	1	1
41	1	0	1	1	1	1	1	1	1	1
42	1	0	1	1	1	1	1	1	1	1
43	1	0	0	1	1	1	1	1	1	1
44	1	0	0	1	1	1	1	1	1	1
45	1	0	0	1	1	1	1	1	1	1
46	1	0	1	1	1	1	1	1	1	1
47	1	0	1	1	1	1	1	1	1	1
48	1	0	0	1	1	1	1	1	1	1
49	1	0	0	1	1	1	1	1	1	1
50	1	0	1	1	1	1	1	1	1	1
51	1	0	1	1	1	1	1	1	1	1
52	1	0	0	1	1	1	1	1	1	1
53	1	0	1	1	1	1	1	1	1	1
54	1	0	1	1	1	1	1	1	1	1
55	1	0	0	1	1	1	1	1	1	1
56	1	0	0	1	1	1	1	1	1	1
57	1	0	1	1	1	1	1	1	1	1

续表

预售期	G1	G3	G5	G7	G9	G11	G13	G15	G17	G19
58	1	0	1	1	1	1	1	1	1	1
59	1	0	0	1	1	1	1	1	1	1
60	1	0	0	1	1	1	1	1	1	1
61	1	0	1	1	1	1	1	1	1	1
62	1	0	1	1	1	1	1	1	1	1
63	1	0	0	1	1	1	1	1	1	1
64	1	0	0	1	1	1	1	1	1	1
65	1	0	0	1	1	1	1	1	1	1
66	1	0	0	1	1	1	1	1	1	1
67	1	0	0	1	1	1	1	0	1	1
68	1	0	0	1	1	1	1	0	1	1
69	1	0	0	1	1	1	1	0	1	1
70	1	0	0	1	1	1	1	0	1	1
71	1	0	0	1	1	1	1	0	1	1
72	1	0	0	1	1	1	1	0	1	1
73	1	0	0	1	1	1	1	0	1	1
74	1	0	0	1	1	1	1	0	1	1
75	1	0	0	1	1	1	1	0	1	1
76	1	0	0	1	1	1	1	0	1	1
77	1	0	0	1	1	1	1	0	1	1
78	1	0	0	1	1	1	1	0	1	1
79	1	0	0	1	1	1	1	0	1	1
80	1	0	0	1	1	1	1	0	1	1
81	1	0	0	1	1	1	1	0	1	1

6.4.2 结果分析

算法 6.1 和 6.2 在 intel（R） Core（TM） i7-7500U CPU@ 2.7GHz 2.9GHz 和 8.0GB 的 RAM 内存计算机上通过 MATLAB（2010b）编译。通过算法 6.1，计算得到的算例中各个旅客的期望出行时间范围如图 6-5 中的黄色矩形条所示。从图 6-5 可以看到，一共有 50 个黄色矩阵条，分别对应的是 50 个旅客的期望出行时间范围，另外还有 10 个旅客没有期望出行时间范围，这是因为这些旅客最后进行的是退票操作，他们在当天取消了出行。随着购票过程的进行，部分乘车方案的能力逐渐饱和，其车票将由有效状态转为无效状态，这导致了其他乘车方案的吸流区间发生变化，于是在不同预售期选择同一个乘车方案的旅客，他们之间的期望出行时间范围可能是不一样的。例如，旅客 14、18、21、44、49 和 51 都是对乘车方案 G3 进行了购票操作，即表 6-2 和表 6-3 中绿色标记部分，但是计算出来得到旅客 49 和 51 的期望出行时间范围比旅客 14、18、21 和 44 的要大一些。另外，虽然旅客 23 和 25 分别在预售期 23 和 28 购买了乘车方案 G3 的车票，即表 6-2 和表 6-3 中黄色标记部分，但是，旅客 25 在预售期 25 购买了 G1 的车票，然后在预售期 28 调整到 G3 的，且其乘车方案调整是由原因 R1 引起的，于是该旅客的期望出行时间范围是 $TR\left(p_{rs}^{1}(y_{25})\right)$，$TR\left(p_{rs}^{3}(y_{28})\right)$ 和 $TR\left(p_{rs}^{3}(y_{25})\right)$ 的交集，故旅客 25 的期望出行时间范围比旅客 23 的要小。而算例中也有旅客调整乘车方案是由原因 R2 引起的，例如，旅客 56（如表 6-2 和表 6-3 中蓝色标记部分）在预售期 76 对乘车方案 G19 进行了购票操作，然后该旅客在预售期 79 又将乘车方案调整为 G11；而通过表 6-3 可以得到，乘车方案 G11 的车票在预售期 76 是有效的，但当时旅客 56 并没有选择，而是在之后预售期 79 才调整过来，于是可以得到该旅客的乘车方案调整是由于原因 R2 引起的，所以对于旅客 56 来说，它同只对 G11 有一个购票操作的旅客 55（如表 6-2 和表 6-3 中蓝色标记部分）的期望出行时间范围是一样。另外，由于不同的退票费用，也导致旅客进行乘车方案调整而计算得到的期望出行时间范围不一样，例如旅客 28、30、34、36、38、40 和 42 都有将各自的乘车方案从 G7 调整到 G5，但是由于旅客 36、38、40 和 42 是 20 元的退票惩罚费用，高于旅客 28、30 和 34 的 10 元退票惩罚费，故前者的期望出行时间范围比后者小。

第 6 章 时变需求分布最大熵估计法

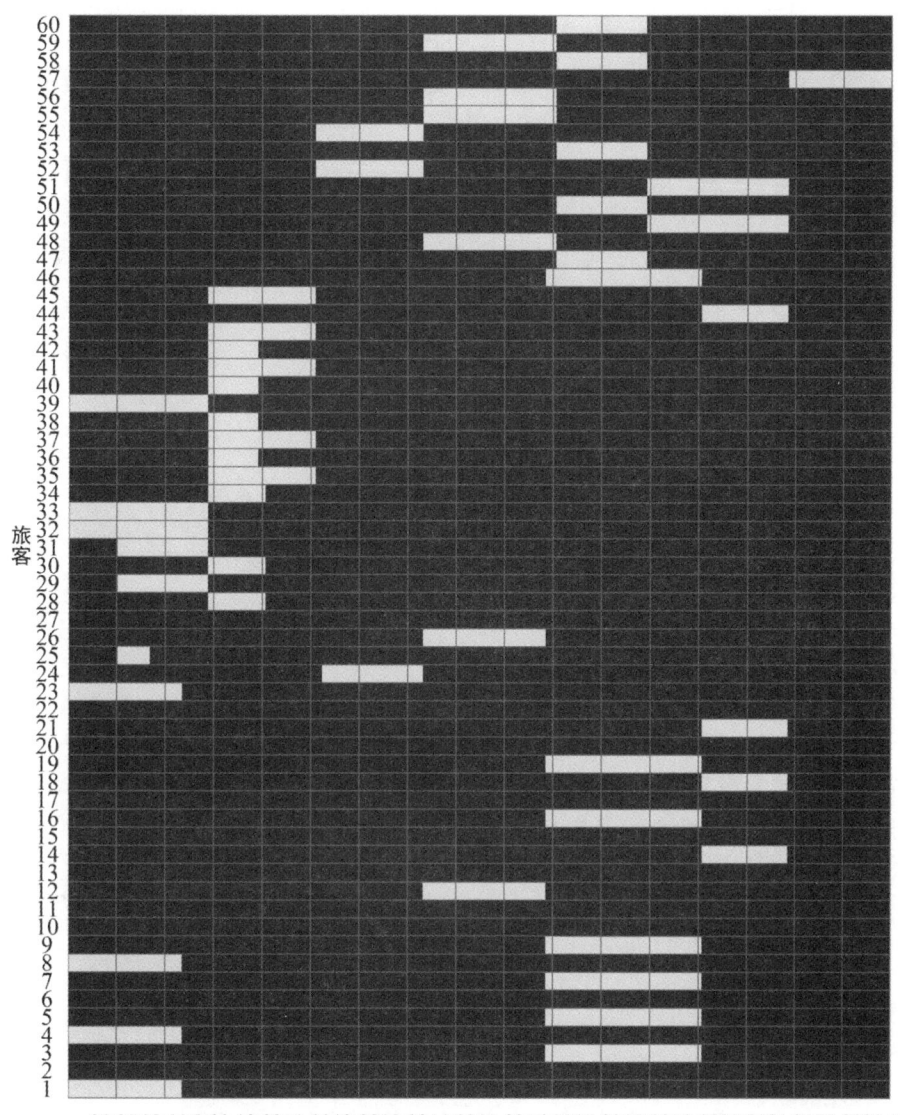

图 6-5　旅客期望出行时间范围图

根据旅客期望出行时间范围推算算法得到的结果，可以得到高铁 O-D 对间从车站 r 至 s 共有 50 个旅客出行，同时所有 50 个旅客的期望出行时间范围之和为 6 636 min。因此，在时变需求估计最大熵模型 P1 中有 50 个等式约束和 7 656 个变量。图 6-6 展示了算法 6.2 的计算迭代次数和目标函数变化情况。从图 6-6 中可以看出，在收敛准则 $\varepsilon=10^{-4}$ 时，算法在第 1 232 次迭代后终止，总的 CPU 计算时间为 24.9 s；另外，在收敛准则 $\varepsilon=10^{-3}$ 时，算法在第 107 次迭代后终止，总的 CPU 计算时间为 2.8 s。同时图 6-6 中可以看出，在前期 $\varepsilon=10^{-3}$ 阶段，目标函数值下降速度非常快，然后为了得到更高的收敛准则，目标函数下降速度逐渐变慢。以上信息暗示着本文所提出来的算法对于求解高铁时变需求估计问题的效果相对较好。

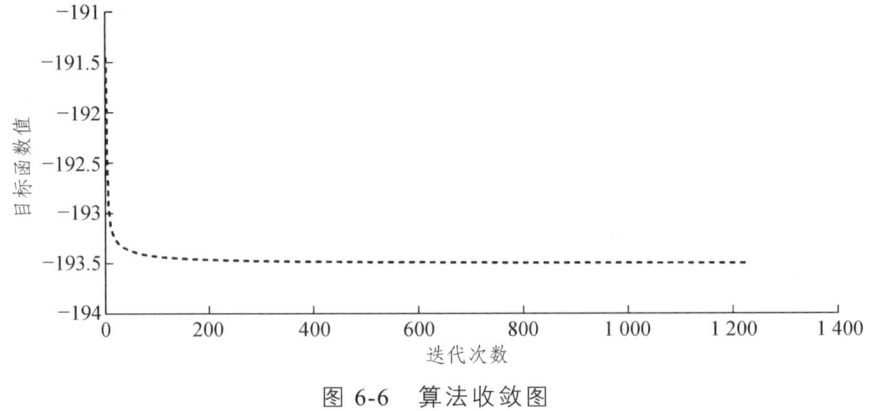

图 6-6　算法收敛图

通过算法 6.2 计算出来的时变需求分布如图 6-7 所示。从图中可以看出，该时变需求有 2 个高峰期，分别是[8:53, 10:03]和[15:51, 19:03]，其对应的需求量分别是 0.099/min 和 0.062/min。图 6-7 同样也把各个乘车方案的购票量标记在其各自对应的发车时刻处，和时变需求分布对比后可以发现，它们之间的差异相对较大，这进一步暗示了当前的列车运行计划和时变需求分布存在不匹配的现象。

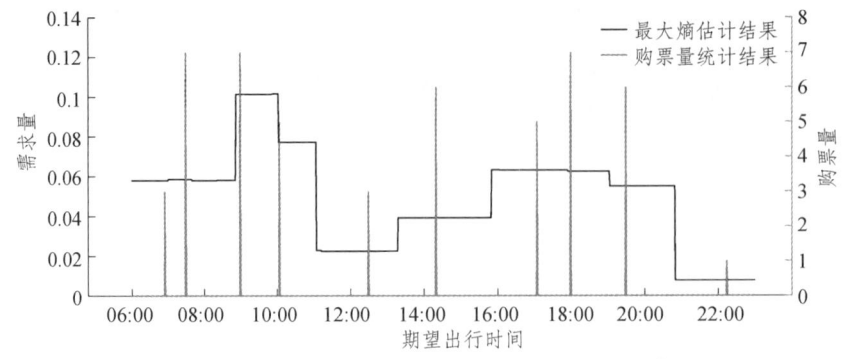

图 6-7　时变需求分布图

由于不同的旅客时间价值参数 θ 取值可能会影响本文所提出来的算法估计精度，于是接下来对参数 θ 进行灵敏度分析。我们分别取 θ 为 0.25、0.5、0.75 和 1，同时其他设定同前面的例子一样，于是计算得到各个不同 θ 取值下的时变需求分布如图 6-8 所示。从图 6-8 中可以看出，θ 取值越大，时变需求分布的高峰与购票量高峰的偏差越小。也就是说，随着 θ 取值的增大，旅客的时间价值增大，于是旅客将更加倾向于选择离自己期望出行时间近的列车购票出行。

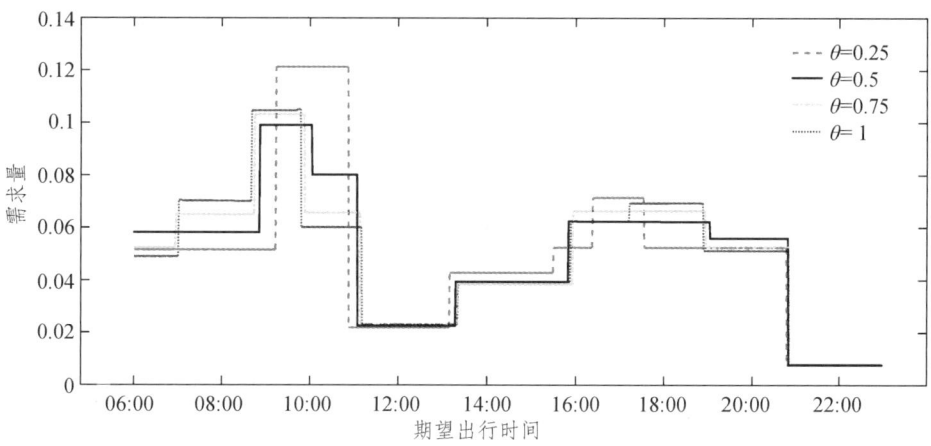

图 6-8 不同参数 θ 下的时变需求分布计算结果图

另外，上述计算过程中都是以 $\tau=1$ min 作为单位时间间隔的，由于在该 O-D 一天运营时段 $[T_{rs}^0, T_{rs}^1]=[1,2,\cdots,1\,020]$ 内，只有 10 个时刻内有列车从车站 r 至 s，即表 6-1 中的各乘车方案的发车时刻所对应的时间间隔，于是通过从售票数据统计，绝大部分时间间隔都没有流量，这导致两者之间的差别非常大。接下来，针对上述时变需求分布的计算结果，以 $\tau=1$ h 为基本单位对上述估计结果和旅客购票量进行统计，两者的统计对比结果如表 6-4 所示。从表 6-4 中可以看出来，按照小时统计之后，旅客在各小时的购票量和时变需求的小时统计结果还是存在较大的差异，因此，同样可以得到当前的列车运行计划和时变需求分布存在不匹配现象。

表 6-4 时变需求分布结果和购票量小时统计对比表

时 段	购票量		最大熵估计	
	数量	百分比	数量	百分比
6:00—6:59	3	6.00%	3.49	6.98%
7:00—7:59	7	14.00%	3.49	6.98%
8:00—8:59	0	0.00%	3.81	7.63%
9:00—9:59	7	14.00%	5.93	11.86%
10:00—10:59	5	10.00%	4.88	9.75%
11:00—11:59	0	0.00%	1.64	3.29%
12:00—12:59	3	6.00%	1.35	2.71%
13:00—13:59	0	0.00%	2.06	4.13%
14:00—14:59	6	12.00%	2.37	4.74%
15:00—15:59	0	0.00%	2.60	5.19%
16:00—16:59	0	0.00%	3.73	7.47%
17:00—17:59	5	10.00%	3.73	7.47%
18:00—18:59	7	14.00%	3.73	7.47%
19:00—19:59	6	12.00%	3.38	6.76%
20:00—20:59	0	0.00%	2.88	5.75%
21:00—21:59	0	0.00%	0.46	0.92%
22:00—22:59	1	2.00%	0.46	0.92%
sum	50	100.00%	50	100.00%

6.5 算例分析二

6.5.1 算例设计

由于时变需求分布存在各种各样的分布特征，为了检测本文所提出的上述估计方法的精度，我们在本节选择四种典型的高铁旅客出行需求分布，即早高峰、午高峰、晚高峰和早晚高峰，来分别运用本章所提出的最大熵模型来估计高铁旅客时变需求分布并进行误差分析，以检验本章所提出的方法的估计精度。

在每种典型的高铁旅客需求分布情况下估计时变需求分布的具体操作步骤为：首先按照假设 A1—A4 模拟旅客的购票选择过程，以得到某一个具体典型需求分布情况下的旅客购票操作信息；然后根据这些旅客购票操作信息构建旅客的购票操作链和预售期各个时刻的可用乘车方案集数据，然后利用本文所提出的算法 6.1 和 6.2 来计算得到相应的时变需求分布，最后，通过对比估计的高铁旅客时变需求分布和典型需求分布之间的差异来检验本文方法的精度。

设高铁 O-D 对 (r,s) 间四种典型的高铁旅客时变需求分布分别为：早高峰需求、午高峰需求、晚高峰需求和早晚高峰需求，其分布图如图 6-9 所示。同时，假设该 O-D 间有 20 个乘车方案，这些乘车方案的相关信息如表 6-5 所示，其中各个乘车方案的能力设定为 200 人；另外，该 O-D 对的运营时段 $[T_{rs}^0, T_{rs}^1] = [6:00, 23:00]$，同时设单位时间间隔 $\tau = 5$ min，于是 $[T_{rs}^0, T_{rs}^1] = [1, 2, \cdots, 204]$；并记该 O-D 间的高铁旅客需求总量为 2 040 人，旅客的单位时间费用 $\theta = 0.5$ 元/min $= 2.5$ 元/τ。

表 6-5　各乘车方案信息表

乘车方案编号	发车时刻	旅行时间/min	票价/元	乘车方案编号	发车时刻	旅行时间/min	票价/元
G1	6:45	110	200	G21	14:20	125	200
G3	7:15	95	200	G23	15:30	110	200
G5	8:05	90	200	G25	16:15	120	200
G7	8:45	95	200	G27	17:05	125	200
G9	9:15	100	200	G29	18:45	110	200
G11	10:05	110	200	G31	19:05	130	200
G13	10:45	100	200	G33	19:35	105	200
G15	11:15	125	200	G35	20:30	110	200
G17	12:30	135	200	G37	21:01	130	200
G19	13:30	115	200	G39	22:30	130	200

对于每一种类型的典型时变需求分布，即给定时变需求 $\tilde{Q}(x), x \in [1,2,\cdots,204]$，其需求总量 $\sum_{x=1}^{204} \tilde{Q}(x) = 2\,040$，按照如下步骤进行旅客购票选择过程模拟：

步骤 1 随机生成这个 2 040 个旅客的购票顺序；

步骤 2 根据步骤 1 得到的购票顺序，并基于假设 A1—A4 来模拟旅客的购票选择过程，即每个旅客以式（4-1）出行费用最小选择乘车方案购票，每个旅客的购票操作信息以及各个乘车方案在预售期内的购票量都可以被记录，这里需要注意的是，该模拟过程没有考虑旅客的退票操作和改签操作，仅模拟旅客的购票操作。

步骤 3 基于上述步骤 2 中各个旅客的购票操作链，利用算法 6.1 和算法 6.2 计算得到时变需求分布 $Q_{rs}(x), x \in [1,2,\cdots,204]$。

6.5.2 误差分析

对于上述每种类型的典型时变需求，我们独立重复上述步骤 1 000 次并获得 1 000 次的估计结果。对于每一次时变需求分布进行估计，通过 $\bar{\varepsilon} = \dfrac{\sum_{x=1}^{204} \left| \tilde{Q}(x) - Q(x) \right|}{2040}$ 来计算典型出行需求分布和估计结果之间的误差，若 $\bar{\varepsilon}$ 的值越小，说明本文所提出的基于最大熵的时变需求分布估计法精度越高。同时，统计每一次模拟购票操作之后，单位时间间隔内的旅客购票量 $Q_{rs}^b(x), x \in [0,1,\cdots,204]$，然后再通过 $\bar{\varepsilon}' = \dfrac{\sum_{x=1}^{204} \left| \tilde{Q}(x) - Q^b(x) \right|}{2040}$ 来计算典型出行需求分布和旅客购票量之间差异，若 $\bar{\varepsilon}'$ 越小，说明列车运行计划和典型需求越匹配。本文统计了四种类型各自 1 000 次的 $\bar{\varepsilon}$ 和 $\bar{\varepsilon}'$，其具体相关信息如表 6-6 所示。

表 6-6 时变需求分布估计结果和模拟购票误差统计表（$\tau = 5$ min）

需求分布类型	误差类型	最大值	最小值	均值	标准差	1 000 次估计时间/s
早高峰需求	最大熵估计 $\bar{\varepsilon}$	7.49%	5.95%	6.57%	0.002 2	8 040.4
	购票量统计 $\bar{\varepsilon}'$	180.00%	180.00%	180.00%	3.02E-14	
午高峰需求	最大熵估计 $\bar{\varepsilon}$	7.46%	5.94%	6.58%	0.003 2	4 002.8
	购票量统计 $\bar{\varepsilon}'$	181.86%	181.86%	181.86%	1.199E-14	
晚高峰需求	最大熵估计 $\bar{\varepsilon}$	7.21%	5.83%	6.24%	0.002 0	3 688.9
	购票量统计 $\bar{\varepsilon}'$	180.98%	180.98%	180.98%	4.063E-14	
早晚高峰需求	最大熵估计 $\bar{\varepsilon}$	7.68%	7.41%	7.50%	0.000 3	3 298.2
	购票量统计 $\bar{\varepsilon}'$	179.22%	178.73%	178.75%	0.000 7	

从表 6-6 可以看出，对于四种不同类型的典型需求分布，1 000 次估计的平均每次计算时间分别是 8.0、4.0、3.7 和 3.3 s，由此体现出本文估计算法的计算效率。在总共的 4×1 000 次估计中，基于最大熵的时变需求估计方法的误差 $\bar{\varepsilon}$ 范围是 5.83% ~ 7.68%；早高峰需求、午高峰需求、晚高峰需求和早晚高峰需求这四种典型需求分布的各自 1 000 次估计的平均误差分别是 6.57%、6.58%、6.24% 和 7.50%。而所有 4×1 000 次基于购票统计和典型需求分布之间的误差 $\bar{\varepsilon}'$ 范围是 178.73% ~ 181.86%，显然 $\bar{\varepsilon}'$ 是远大于 $\bar{\varepsilon}$ 的。上述数据揭示了：

（1）当前的列车运行计划和各个典型需求分布都存在不匹配的现象，导致旅客在购票出行时，期望出行时间与实际出发时间有较大偏离。

（2）不能直接使用各个时间的旅客购票量来直接表示时变需求分布，旅客的实际出发时间并不一定是他们的期望出行时间。

（3）基于最大熵的时变需求分布估计方法精度明显比购票数据统计高。

（4）基于最大熵的时变需求分布估计方法对于高铁旅客时变需求分布估计是有效的。

当然，上述几点也进一步体现了本文所提出的时变需求分布估计方法的创新性和重要性。进一步的，取每种典型需求分布类型的 1 000 次估计结果的平均值，将其图形和其所对应的典型需求分布图形分别绘制在图 6-9 中,从该图可以得到,在每种典型需求分布情况下,1 000 次估计的平均时变需求分布结果和典型需求分布都是非常接近的。

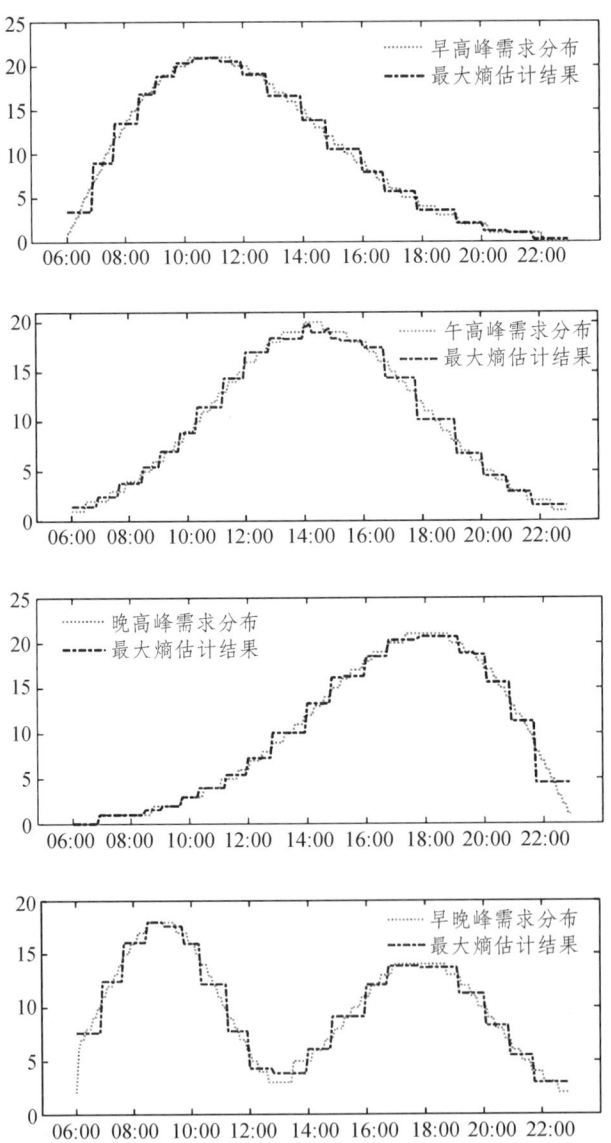

图 6-9 典型需求分布和对应的 1 000 次最大熵估计平均结果对比图

需要注意的是，在上述分析中，都是基于单位时间间隔 $\tau = 5\,\text{min}$ 的前提条件的，由于在该 O-D 一天运营时段 $[T_{rs}^0, T_{rs}^1] = [0,1,\cdots,204]$，只有 20 个乘车方案所对应的发车时刻的时间间隔内有旅客的购票量，剩下的绝大部分时间间隔内没有乘车方案发车，这就导致这些时间间隔内不可能有旅客的购票量，于是导致通过购票量统计得到的结果误差非常大。接下来，以 $\tau = 1\,\text{h}$ 为单位对上述估计结果和旅客购票量进行统计，得到表 6-7。从表格中可以看到，以 h 为单位进行误差统计时，两种方法的误差都大大下降了，同时可以看到，基于最大熵的时变需求分布估计法误差明显很低，它再次验证了本文所提出的方法的有效性。

表 6-7　时变需求分布估计结果和模拟购票误差统计表（$\tau = 1\,\text{h}$）

需求分布类型	误差类型	最大值	最小值	均值	标准差
早高峰需求	最大熵估计 $\bar{\varepsilon}$	2.93%	1.29%	1.83%	0.002 9
	购票量统计 $\bar{\varepsilon}'$	23.63%	22.75%	23.02%	0.001 6
午高峰需求	最大熵估计 $\bar{\varepsilon}$	3.18%	1.09%	1.90%	0.003 6
	购票量统计 $\bar{\varepsilon}'$	17.55%	16.08%	16.75%	0.002 2
晚高峰需要	最大熵估计 $\bar{\varepsilon}$	3.26%	1.58%	2.35%	0.003 1
	购票量统计 $\bar{\varepsilon}'$	20.88%	20.29%	20.63%	0.001 2
早晚高峰需求	最大熵估计 $\bar{\varepsilon}$	2.09%	1.83%	1.87%	0.000 4
	购票量统计 $\bar{\varepsilon}'$	24.61%	23.82%	24.02%	0.001 6

6.5.3　灵敏度分析

上述的算法误差分析中，旅客的时间价值被设定为 $\theta = 0.5\,\text{元/min} = 2.5\,\text{元}/\tau$，然而参数 θ 的不同取值，可能会影响到估计算法的计算进度，因此，对于每一种典型需求分布，再分别基于 $\theta = 0.25\,\text{元/min}$，$0.75\,\text{元/min}$ 和 $1\,\text{元/min}$，重复上述步骤各 1 000 次。再结合前面已经计算得到的 $\theta = 0.5\,\text{元/min}$ 的结果，将参数 θ 的 4 种取值条件下的估计结果分别取 $\tau = 5\,\text{min}$ 和 $\tau = 1\,\text{h}$ 来对误差进行统计，得到表 6-8、图 6-10 和图 6-11。

表 6-8 不同 θ 取值下的 1 000 次估计平均误差统计表

需求分布类型	时间间隔类型	$\theta = 0.25$ 元/min		$\theta = 0.5$ 元/min	
		最大熵估计 $\bar{\varepsilon}$	购票量统计 $\bar{\varepsilon}'$	最大熵估计 $\bar{\varepsilon}$	购票量统计 $\bar{\varepsilon}'$
早高峰需求	$\tau = 5$ min	8.09%	180.59%	6.56%	180.00%
	$\tau = 1$ h	3.81%	31.32%	1.81%	23.02%
午高峰需求	$\tau = 5$ min	9.27%	182.45%	6.63%	181.86%
	$\tau = 1$ h	5.50%	27.37%	2.08%	16.73%
晚高峰需求	$\tau = 5$ min	9.17%	181.47%	6.24%	180.98%
	$\tau = 1$ h	4.93%	31.54%	2.37%	20.62%
早晚高峰需求	$\tau = 5$ min	11.00%	181.57%	7.50%	178.75%
	$\tau = 1$ h	7.04%	40.08%	1.87%	24.02%

需求分布类型	时间间隔类型	$\theta = 0.75$ 元/min		$\theta = 1$ 元/min	
		最大熵估计 $\bar{\varepsilon}$	购票量统计 $\bar{\varepsilon}'$	最大熵估计 $\bar{\varepsilon}$	购票量统计 $\bar{\varepsilon}'$
早高峰需求	$\tau = 5$ min	6.35%	179.71%	6.31%	179.71%
	$\tau = 1$ h	1.71%	20.45%	1.75%	20.47%
午高峰需求	$\tau = 5$ min	6.37%	181.08%	6.19%	181.08%
	$\tau = 1$ hour	1.78%	14.37%	1.87%	13.44%
晚高峰需求	$\tau = 5$ min	6.30%	180.98%	6.22%	180.98%
	$\tau = 1$ hour	1.98%	19.49%	1.97%	19.25%
早晚高峰需求	$\tau = 5$ min	7.38%	178.73%	7.30%	178.73%
	$\tau = 1$ hour	1.53%	21.47%	1.44%	20.49%

第 6 章 时变需求分布最大熵估计法

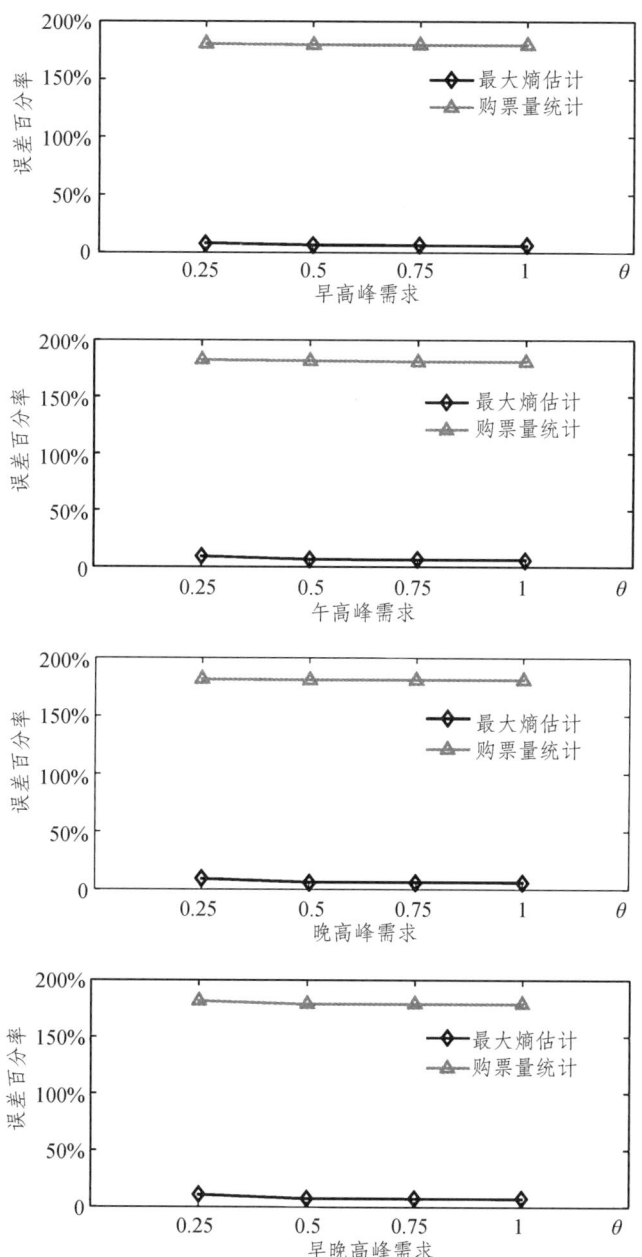

图 6-10 不同参数 θ 取值下 1 000 估计平均误差（$\tau = 5$ min）

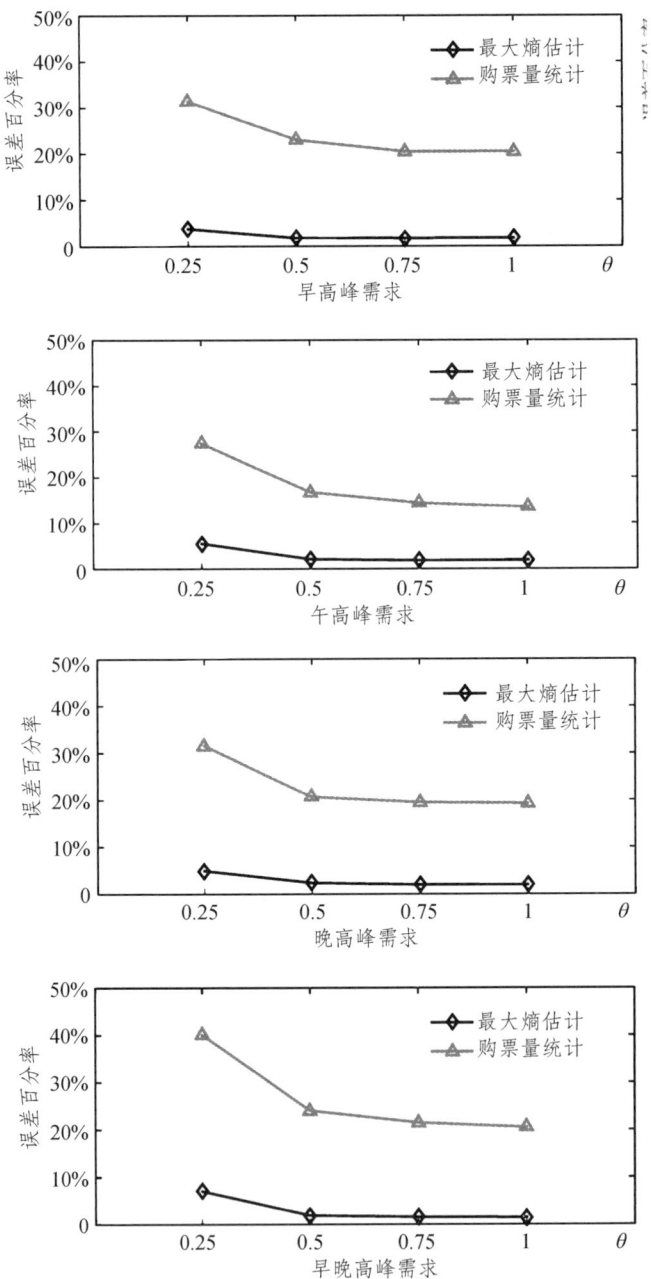

图 6-11 不同参数 θ 取值下 1 000 估计平均误差（$\tau = 1$ h）

从表 6-8、图 6-10 和图 6-11 中可以看出，在不同的参数 θ 取值下，最大熵模型的估计结果误差都是明显小于购票量统计误差的；随着 θ 从 0.25 元/min 增加至 1 元/min，旅客对于提前或者推迟自己的期望出行时间变得更加敏感，他们将更加倾向于选择离自己期望出行时间近的列车，估计结果的误差随着 θ 的增大在逐渐减小。这再一次验证了本文所提出的时变需求分布最大熵估计法的有效性。

6.6 小 结

本章利用从铁路售票系统中提取的旅客购票操作信息来估计高铁旅客时变需求分布。其中，所提取出的当前可用乘车方案集反映了 O-D 间各个乘车方案在车票预售期的供给状态；另外，高铁 O-D 将某天出行的每个旅客所对应的购票操作行为定义为该旅客的购票操作链，具体是由购票操作和退票操作这两个基本操作按照操作时间排序组成的，它体现的是在预售期的各个时刻各乘车方案车票供给状态下的旅客购票选择行为。根据各购票操作链，我们基于屋顶模型提出了一个推算该旅客期望出行时间范围的算法，并由此可以获得各个旅客的期望出行时间范围。然后，基于各个旅客的期望出行时间范围，本书建立了时变需求最大熵估计模型并设计了对应的求解算法。

随后，本书在 6.4 节通过算例一展示了求解旅客期望出行时间范围和估计时变需求分布的具体计算过程和结果。另外，为了检验本文所提出的算法的估计精度，本书在 6.5 节设计了算例二，通过对预先设定好的四种典型的时变需求分布进行旅客购票模拟，再分别利用模拟过程中产生的旅客可购票数据信息并应用本文的估计算法去求解对应的出行需求分布。在对每种典型时变需求分布分别进行相互独立的 1 000 次估计测试之后，本书再对其误差进行了统计分析，结果表明基于最大熵的时变需求分布估计具有优良的效果。最后，本书还进行了在旅客不同的时间价值下最大熵估计算法的灵敏度分析，其结论再一次验证了本文所提出的时变需求分布最大熵估计法的有效性。

第 7 章　高速铁路日客流量中期预测

高速铁路旅客日客流量预测能够为铁路运营管理部门进行科学合理决策提供重要的数据支持，近些年来，客流量预测也一直都是相关学者和铁路运营管理部门的研究热点[75-88]。在已有的相关客流量预测的研究中，绝大部分都是进行短期预测，然而在实际运输生产过程中，时间跨度范围更大的中期客流量预测也同样有着非常重要的研究价值。例如在制定旅客列车开行方案时，就需要考虑该方案"服役"时间段内的客流量波动情况，此时进行时间跨度范围更大的中期客流量预测就显得尤为必要了。

本章首先从高速铁路客流量历史数据中提取特征，然后将这些特征因素应用于后续的预测方法设计中，并提出一种能够对高铁旅客日客流量进行中期预测的双层平行小波神经网络模型，最后进行算例分析，检验了预测方法的有效性。

7.1　旅客日客流量特征提取

本节从铁路售票系统中提取出京沪高铁线路北京—上海间 2014 年 1 月 1 日至 2016 年 12 月 31 日这 3 年的日客流量数据进行特征分析。之所以选择京沪高铁中北京—上海这个 O-D 对，是因为一方面京沪高铁是中国当前"四纵四横"高速铁路主通道之一，它途经的地区是目前中国经济发展较好、人口稠密的地区，它是中国高铁线路的典型代表；另一方面是因为北京是中国首都，而上海又是目前中国经济最发达的城市，这两个城市之间经贸往来频繁、旅客出行需求量大并具有典型代表性。接下来，本节分别从非节假日客流量特征和节假日客流量特征这两个方面进行分析。

7.1.1 非节假日客流量特征

图 7-1 为北京—上海两城市之间 2014 年至 2016 年的高铁日客流量示意图。从图 7-1 中可以看出，2014 年至 2016 年，除了个别日期的波动之外，日客流量在一年之中的起伏波动情况都大致相当，这说明日客流量以年为周期存在周期性特征；同时，随着年份的递进，每一年同一天的日客流量有逐渐增长的趋势，这同时说明了年份属性对于日客流量有一定的影响。另外，在考虑月份信息时可以看出，这三年中相同月份的日客流量变化趋势较为一致，例如每年 1 月和 3 月的日客流量都有明显的增长趋势，而 2 月的波动都比较大，7 月和 8 月都稳定在较高的数量状态，9 月份相对 8 月份来说都有一个较为明显的日客流量回落的趋势，而 11 月份和 12 月份则有轻微的下降趋势，等等。从这个分析可以看出，年、月这两个属性对高铁日客流量具有周期性的影响。

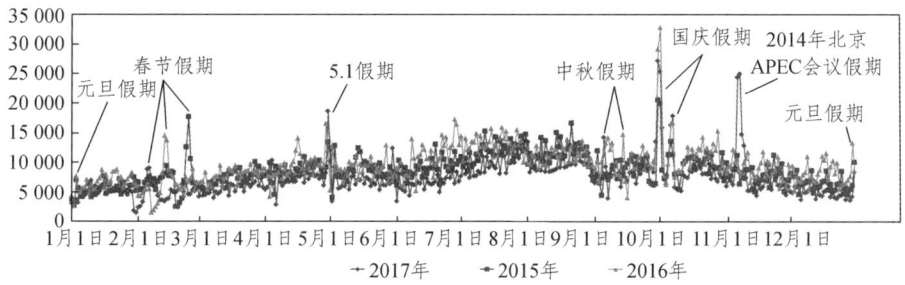

图 7-1 北京—上海 2014—2016 年高铁旅客日客流量示意图

接下来我们再来分析每周内的日客流量特征。在我国，每年的 7 月—8 月这两个月由于没有其他法定节假日，这连续 2 个月的每周的旅客日客流量规律较容易体现，于是以这两个月的日客流量为分析对象。图 7-2 为 2016 年 7 月—8 月北京—上海每周各天的高铁旅客日客流量示意图，从图 7-2 中可以明显看出在周与周之间，每周 7 天的日客流量曲线的波动变化趋势非常接近：星期一和星期二的日客流量相对较低，星期三会有一定的上涨，接着在星期四出现回落，周五可能因为临近周末的原因日客流量上涨，然后在周末假期中星期六的客流量相对较低，星期天再又上涨。通过上述分析可以看出，星期信息对于高铁旅客日客流量具有较强的周期性规律影响。

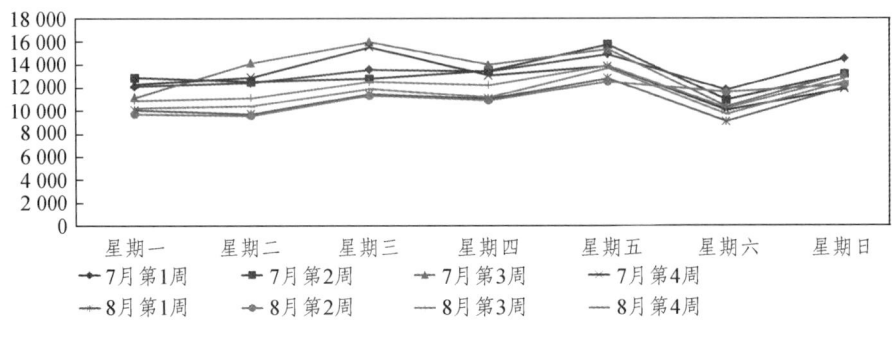

图 7-2 北京—上海 2016 年 7 月—8 月每周高铁客流量图

综合以上内容,我们可以得到年、月、日和星期这 4 个日期因素对于高铁旅客日客流量是有影响的,但是,这些因素和日客流量之间并不是简单的线性关系就能够完全体现,或者想要完全写出它们之间的相互关系式并不是一件容易的事情。另一方面,在进行高铁旅客日客流量多天预测时,预测期每一天的年、月、日和星期这 4 个日期因素信息又都是确定的且非常容易获取的,因此根据上述所得到的特征信息,本文分别设置"年""月""日"和"星期"这 4 个日期属性项对每天进行标记,以便于后续构建预测模型。具体的各个属性取值范围设置情况如表 7-1 所示。例如 2014 年 5 月 1 日是 2014 年的第 121 天,同时是星期四,所以该天所对应的"年""月""日"和"星期"这 4 个日期属性项的值分别为:"2014""5""121"和"4"。

表 7-1 日期属性项取值范围设置情况表

时间信息属性项	取值范围
年	2014,2015,2016,…
月	1,2,3,…,12
日	1,2,3,…,365
星期	1,2,3,4,5,6,7

由于每天的上述 4 个日期属性都可以被轻松获取和标记,因此它们可以作为确定型数据输入我们的预测模型,并结合每天的日客流量历史数据,就可以构建一个神经网络预测模型来针对它们之间复杂且非线性的关系进行训练,进而用于后续的预测过程中。

7.1.2 节假日客流量特征

高速铁路除了日常的客流量之外，节假日这个因素对于高铁客流量的影响也非常大，比如在图 7-1 中我们可以看到，几乎所有客流量出现波动较大的地方都是在重要节假日的时候，因此，接下我们来分析节假日的客流量特征。

在中国，最常见的假日是每周的两天周末，这种假日由于是伴随每周规律性到来，其对高铁客流量的影响也具有较强的周期性。例如在上图 7-2 中，周末假日前 1 天的周五会有 1 个客流量的上涨高峰，然后在假日的第 1 天的周六会出现回落，假日第 2 天的周日，客流量再呈现上升趋势。可以发现周末 2 天的假日不仅仅只是对这两天的客流量产生影响，对其紧邻的周五的客流量也会有影响，同时，处在 2 天假期中的具体第几天，日客流量也有明显差异。

除了常规的 2 天周末假日之外，我国还有元旦节、春节、清明节、端午节、劳动节、中秋节等法定节假日，这些节假日的具体统计信息如表 7-2 所示。

表 7-2 我国法定节假日统计表

节假日类型	法定节假日天数	公历具体时间	是否调休	调休后节假日天数
元旦节	1	1月1日	是	3
春节	3	不定（农历除夕、正月初一、初二；或者农历正月初一、初二、初三）	是	7
清明节	1	4月4日或5日（农历节气清明当天）	是	3
劳动节	1	5月1日	是	3
端午节	1	不定（农历五月初五）	是	3
国庆节	3	10月1日—10月3日	是	7
中秋节	1	不定（农历八月十五日）	是	3

在上述法定节假日中，元旦节、清明节、劳动节、端午节和中秋节都是 1 天假期，不过国家在设置假日安排的时候一般会将这些假期附近的周末进行调整，进行形成一个 3 天的假期。如图 7-3 和图 7-4 所示分别是北京—上海间 2014—2016 年劳动节和中秋节的高铁客流量图，这里需要说明的是，2015 年中秋节只调休成 2 天假日，它假期长度与其他不一致，所以没有放入图 7-4 中。

从图 7-3 中可以看出，从 2014 年到 2016 年，劳动节假期旅客的日客流量变化波动趋势在每年都是大致相同的：在假期前 1 天有 1 个客流量高峰期，然后逐渐回落，在假期第 2 天是低谷，接着在假期第 3 天又上升，到假期结束后的 1 天客流量再回落。同样，中秋节假期的日客流量变化波动趋势在 2014 年和 2016 年也是非常接近的，但是，同样是三天假期，中秋假期的日客流量变化趋势和劳动节又有差异：中秋假期前面 1 天和假期的 3 天，旅客日客流量变化趋势和劳动节相似，但是在假期之后的第 1 天，中秋假期对它的影响却使得该天的日客流量继续上升。这两个节假日期间日客流量波动趋势的差异可能是由于假日类型不同所导致的，比如：劳动节是因为可能旅客的外出旅游出行，比例高，而中秋节是中国传统家庭团聚节日，可能旅客多是回家探亲的出行。

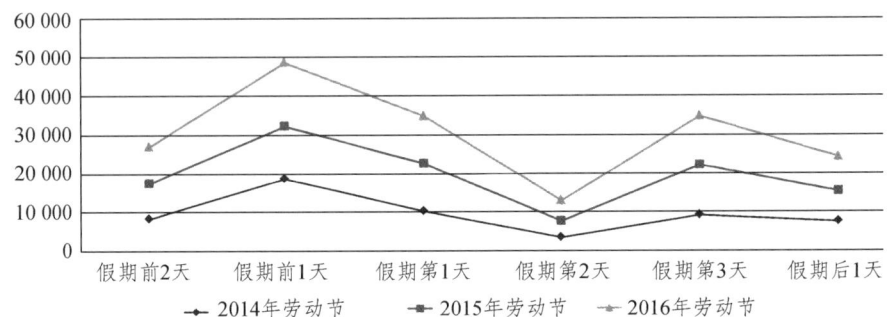

图 7-3　北京—上海 2014—2016 年劳动节假期高铁客流量图

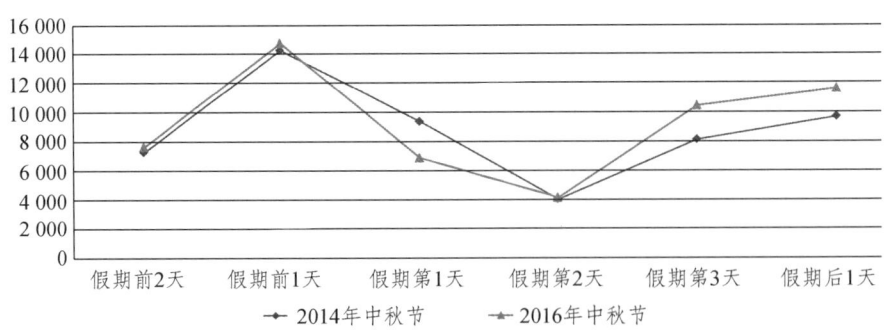

图 7-4　北京—上海 2014—2016 年中秋节假期高铁客流量图

在表 7-2 中，除了 1 天的法定节假日之外，还有春节和国庆节这种 3 天类型的法定节假日，国家在设定节假日的时候，通常也会将他们附近的周末进行调休，以形成 7 天的假期。北京—上海 2014—2016 年春节和国庆节假期的高铁旅客日客流量分别如图 7-5 和图 7-6 所示，可以看出，春节对于高铁客流量的影响在这 3 年中是比较一致的，同样，国庆假期 3 年客流量曲线的变化趋势也非常接近；但是，这两个节日之间对于客运量影响的总体趋势又有明显差异。临近春节时，客流量会逐渐降低，到春节假期的第 1 天高铁客流量是极低的，然后逐渐回升，客流量最高峰是在假期的尾部，同时春节对于假期后 1 天的客流量也有一定影响；而国庆节明显使得客流量在假期前 1 天就开始暴涨，并在假期第 1 天形成客流量高峰，随后会有一个回落并在假期第 3 天和第 4 天形成 1 个低谷，接着在假期最后 2 天再出现一个小高峰。同样是 7 天假期，由于它们的假期类型不一样，所以对于客流量的影响是完全不同的类型：由于春节是我国最为重要的传统节日，民众都期待家人团聚，大多数人都会在除夕之前赶回老家，在春节期间大多是家人团聚，长距离的出行相对较少，只有在假期即将结束的时候，长距离的返回工作地出行才逐渐上升；而国庆假期一般都是旅游出行的高峰期，所以客流量高峰出现在假期的首末两端位置。

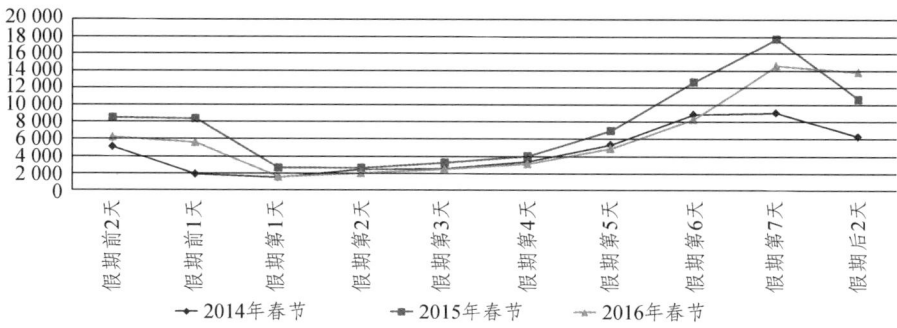

图 7-5　北京—上海 2014—2016 年春节高铁客流量示意图

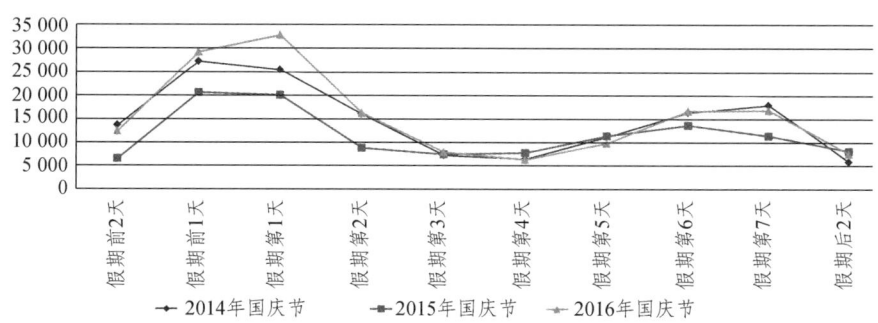

图 7-6　北京—上海 2014—2016 年国庆假期高铁客流量示意图

通过对上述节假日客流量的分析,可以得到节假日对高铁客流量影响具有如下特征:

(1) 不同天数的节假日,因放假时长不一致,其对高铁旅客日客流量的影响明显不同。

(2) 节假日天数相同情况下,同一节假日在不同年份对于客流量的影响趋势较为一致。

(3) 节假日天数相同情况下,不同类型的节假日对高铁客流量的影响存在差异。

(4) 在同一个节假日范围内,随着处在节假日具体第几天的位置不同,日客流量差异明显。

(5) 节假日不仅仅只是影响自身假期内的客流量,还可能对邻接假期前后的 1~2 天产生较大影响。

通过以上分析可以看出,虽然不同天数长度的节假日对于高铁客流量影响显著不同,但是当节假日天数相同时,不同节假日对于高铁客流量的影响趋势可以归结为有限的若干种类型,于是根据上述中得到的特征信息,本文分别设置"节假日天数""该天数下节假日类型"和"位于节假日第几天"这 3 个节假日属性项对每天进行标记,以辅助我们提高节假日的预测精度。具体的各个属性取值设置情况如表 7-3 所示。

表 7-3 节假日属性项取值设置情况表

节假日类型	节假日天数	该天数下节假日类型	位于节假日第几天
非节假日	0	0	0
所有 1 天假期	1	1	1
周末和其它两天假期	2	1	1、2
元旦节	3	1	1、2、3
清明节	3	2	1、2、3
劳动节	3	3	1、2、3
端午节	3	4	1、2、3
中秋节	3	5	1、2、3
春节	7	1	1、2、3、4、5、6、7
国庆节	7	2	1、2、3、4、5、6、7

按照表 7-3 的内容，可以对每天进行节假日属性标记，例如，5 月 1 日是劳动节 3 天假期的第 1 天，劳动节属于 3 天假期下的第 3 类，于是该天的节假日属性项"节假日天数""该天数下节假日类型"和"位于节假日第几天"就依次标记为"3""3""1"。在进行日客流量多天预测时，预测期各天的节假日属性提前就能够被知道，因此，这部分属性信息可以作为确定型数据输入预测模型中。

另外，需要注意的是，由于节假日不仅仅只是影响自身假期内的旅客日客流量，还可能对邻接假期前后的 1~2 天产生较大影响，然而春节、端午节和中秋节等是我国的农历传统节日，这些节日在每年的公历中都不是一个固定的日期，虽然这些节假日内部各天都可以通过前面的节假日属性来识别，但是他们对假期邻接前后 1~2 天所产生的影响没有进行标记，也很难从历史数据中进行周期性的捕捉。因此，为了提高邻接节假日的这些日期的预测精度，本书再设立一个"邻接节假日影响程度"的属性项，来标识各种节假日对其邻接前后 1~2 天客流量产生影响的程度。

我们分别判断节假日对其前 2 天和后 2 天是否产生影响以及影响程度。若假期的前 1 天满足设定的条件，则用同样标准继续判断假期的前 2 天；否则，结束判断。同样，对于假期后的 1~2 天也采用上述相同的判断步骤。

记通过历史售票数据获得的任意第 t 天的高铁客流量为 $\hat{y}(t)$，某节假日的时间范围为 $[t_1, t_2]$，则该节假日的前 1 天相对前 2 天的客流量变化率 β_{t_1-1}，即第 t_1-1 天相对 t_1-2 天的客流量变化率可以用式（7-1）计算。

$$\beta_{t_1-1} = \frac{\hat{y}(t_1-1) - \hat{y}(t_1-2)}{\hat{y}(t_1-2)} \tag{7-1}$$

若变化率绝对值 $|\beta_{t_1-1}| \geq \alpha$，$\alpha$ 为给定的阈值参数，则识别该节假日对其假期前 1 天客流量产生影响，且影响程度为 β_{t_1-1}；否则，认为该假期对其前面各天的客流量不会产生影响，令 $\beta_{t_1-1}=0$，往前判断结束。

在该假期对于其前 1 天客流量产生影响的前提情况下，继续判断其是否对前 2 天产生影响。第 t_1-2 天的变化率 β_{t_1-2} 可由式（7-2）计算获得。

$$\beta_{t_1-2} = \frac{\hat{y}(t_1-2) - \hat{y}(t_1-3)}{\hat{y}(t_1-3)} \tag{7-2}$$

若 $|\beta_{t_1-2}| \geq \alpha$，则识别该节假日对其假期前 2 天的客流量的影响程度为 β_{t_1-2}；否则，令 $\beta_{t_1-2}=0$。

同理，该节假日后 1 天，即第 t_2+1 天的客流量变化率 β_{t_n+1} 的计算式为（7-3）。

$$\beta_{t_2+1} = \frac{\hat{y}(t_2+1) - \hat{y}(t_2)}{\hat{y}(t_2)} \qquad (7\text{-}3)$$

若 $|\beta_{t_n+1}| \geq \alpha$，则识别该节假日对其假期后 1 天的客流量的影响程度为 β_{t_n+1}；否则，令 $\beta_{t_n+1} = 0$，往后判断结束。

在该假期对于其后 1 天客流量产生影响的前提情况下，继续判断其是否对后 2 天产生影响。第 t_2+2 天的变化率 β_{t_n+2} 可由式（7-4）计算获得。

$$\beta_{t_2+2} = \frac{\hat{y}(t_2+2) - \hat{y}(t_2+1)}{\hat{y}(t_2+1)} \qquad (7\text{-}4)$$

若 $|\beta_{t_2+2}| \geq \alpha$，则识别该节假日对其假期后 2 天的客流量的影响程度为 $\beta_{t_2+2} = 0$；否则，令 $\beta_{t_2+2} = 0$。

对于所有节假日前后 2 天都可以采用上述式（7-1）~（7-4）分别计算得到各天的"节假日邻接影响程度"属性值 β，而对于其他各天，则令它们该项属性值为 0。

于是，针对节假日对于客流量的影响，本节分别以"节假日天数""该天数下节假日类型""位于节假日第几天"和"邻接节假日影响程度"这 4 个节假日属性项对每天进行标记，并作为确定型数据提前输入预测模型，以辅助提高节假日的预测精度。

7.2 预测模型及方法

7.2.1 预测模型

旅客的日客流量是动态随着时间的推进而变化的。一方面，最近若干天的客流量显然会对接下来的这一天的客流量产生影响，另外一方面，通过 7.1 节的特征分析可以知道，预测日当天的日期属性和节假日属性也会对该天的客流量产生影响。为了同时体现上述两个方面对于高铁日客流量的影响，本书设计了如图 7-7 所示的双层平行小波神经网络（Double layer parallel wavelet neural network，DLP-WNN）模型。该模型中，每个椭圆表示1个神经元，Bias表示1个很小的误差项输入，各层神经元之间的虚线连接箭头表示的是加权计算，每一条虚线对应一个权值参数。该模型包含2个平行网络，其中，子网络1的1~3层神经元个数分别用n_{11}、n_{21}和n_{31}表示，对应的，子网络2的1~3层神经元个数则分别表示为n_{12}、n_{22}和n_{32}。

在图7-7的DLP-WNN模型中，子网络1体现的是旅客的日客流量动态变化中，预测日前面若干天客流量对于预测日这一天的影响。这里我们借鉴Tsung-Hsien Tsai等（2009）[82]和Morantz等（2004）[96]的处理手段，采用移动固定数据窗的方式输入数据，即随着日期的递进，

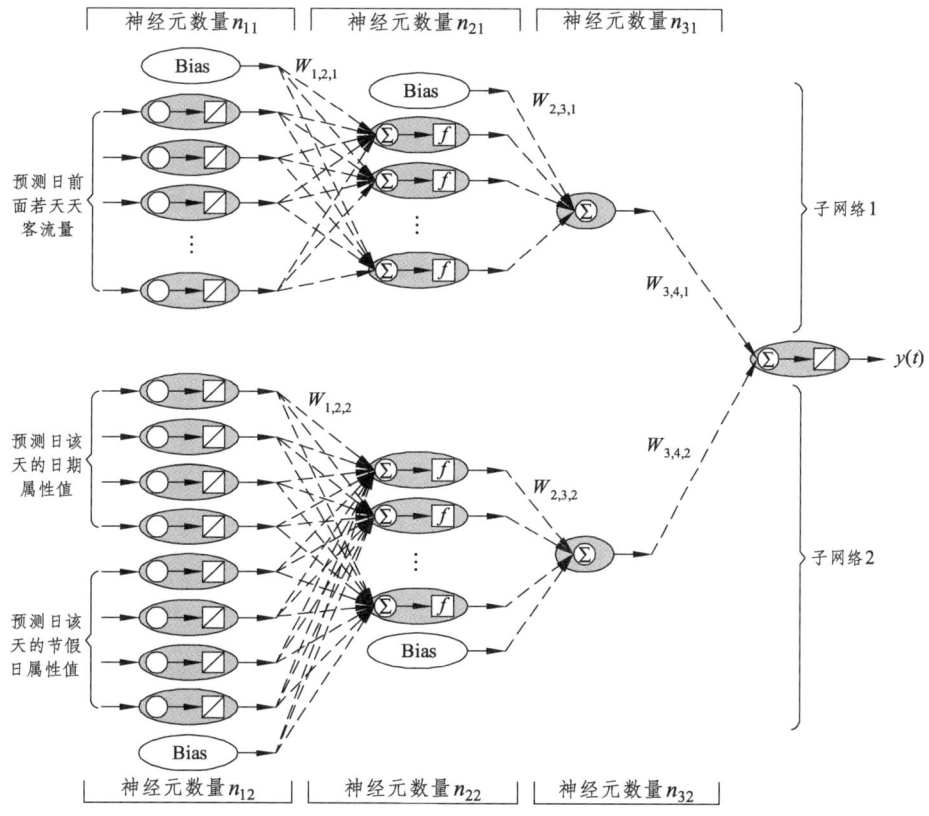

图7-7 双层平行小波神经网络DLP-WNN模型

在子网 1 的第 1 层中每次固定输入最近的 $n_{11}-1$ 天（减去的 1 是 Bias 项，下同）日客流量数据。子网络 2 则是体现预测日该天日期属性和节假日属性对其客流量的影响，其第 1 层输入层的 $n_{12}-1$ 个神经元输入值则为该天对应的 4 个日期属性值和 4 个节假日属性值。两个子网络的输出值经过加权综合得到整个网络的输出，该输出是 1 天客流量的预测值，通过应用整个网络对连续的若干天进行操作，则实现了日客流量多天预测。

上述多天预测过程如图 7-8 所示。其中，子网络 1 的输入值是预测日前面若干天的客流量，在最开始第 1 期预测时，其输入值是历史数据，但是随着预测天数的推进，后续的输入值为前面若干天的预测结果，因此子网络 1 的输入可以视为是预测型数据。以预测型数据再继续进行预测，会形成误差累积从而影响预测效果，这往往也是很多短期预测方法应用于中期预测时会出现的普遍问题。但是，本文所设计的子网络 2 可以对子网络 1 输出结果的误差进行修正：由于子网络 2 的输入值分别是各个预测日的时间属性值和节假日属性值，这些属性值在进行预测之前就可以全部确定，因此它们是确定型输入数据；确定型数据在经过对历史数据学习的基础上，综合体现了常规日客流量的周期性规律（时间属性）和节假日的突变特点（节假日属性），其所做出的预测就可以对子网络 1 所产生的误差进行修正，于是综合两个子网络的输出结果，既可以延续日客流量的变化趋势，又能够体现不同日期之间特别是节假日间的客流量差异，以此使本文的 DLP-WNN 模型预测精度得到保证。

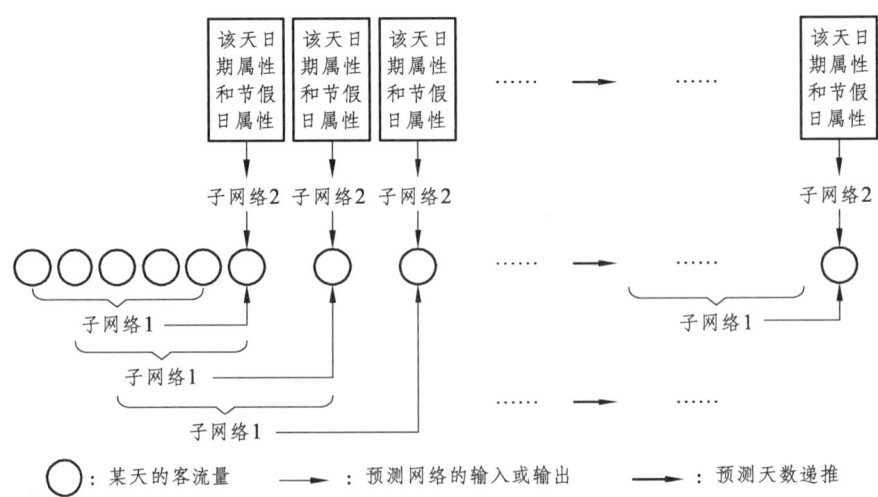

图 7-8 双层平行小波神经网络 DLP-WNN 模型操作步骤

7.2.2 预测过程及原理

对于上述 DLP-WNN 模型，两个子网络都是小波神经网络结构，其都是采用小波基函数作为中间层的传递函数，同时借鉴 BP 神经网络的设计思路，在进行信号前向传播的同时进行误差反向传播。对于子网络 1 和子网络 2，记第 1 层输入层的各个神经元输入数据线性归一化后分别为 $x_{11}(i), i=1,2,\cdots,n_{11}$ 和 $x_{12}(i), i=1,2,\cdots,n_{12}$，由第 1 层各个神经元数据经过加权计算得到的第 2 层神经元分别记为 $h_{2,1}(j), j=1,2,\cdots,n_{21}$ 和 $h_{2,2}(j), j=1,2,\cdots,n_{22}$，其具体计算分别由如式（7-5）式（7-6）确定。

$$h_{2,1}(j) = \frac{\left(\sum_{i=1}^{n_{11}} w_{1,2,1}(i,j) x_{11}(i)\right) - b_j}{a_j}, \quad j=1,2,\cdots,n_{21} \qquad (7\text{-}5)$$

$$h_{2,2}(j) = \frac{\left(\sum_{i=1}^{n_{12}} w_{1,2,2}(i,j) x_{12}(i)\right) - b_j}{a_j}, \quad j=1,2,\cdots,n_{22} \qquad (7\text{-}6)$$

式中，$h_{2,1}(j)$ 和 $h_{2,2}(j)$ 分别为子网络 1 和子网络 2 中第 2 层的第 j 个节点值；$w_{1,2,1}(i,j)$ 和 $w_{1,2,2}(i,j)$ 则分别对应于两个子网络中第 1 层第 i 个神经元与第 2 层第 j 个神经元的连接权值；另外 b_j 为小波基函数的平移因子；a_j 为小波基函数的伸缩因子。

在上述子网络 1 和子网络 2 中，第 2 层隐含层的小波基函数采用 Morlet 母小波基函数，其函数表达式如（7-7）所示。

$$f(x) = \cos(1.75x) e^{-\frac{x^2}{2}} \qquad (7\text{-}7)$$

于是子网络 1 和子网络 2 中，第 2 层神经元 $h_{2,1}(j)$ 和 $h_{2,2}(j)$ 经过小波基函数传递之后得到的输出值 $fh_{2,1}(j)$ 和 $fh_{2,2}(j)$ 可以由式（7-8）和（7-9）分别确定。

$$fh_{2,1}(j) = f(h_{2,1}(j)), \quad j=1,2,\cdots,n_{21} \qquad (7\text{-}8)$$

$$fh_{2,2}(j) = f(h_{2,2}(j)), \quad j=1,2,\cdots,n_{22} \qquad (7\text{-}9)$$

接着，子网络 1 和子网络 2 的第 3 层神经元 $h_{3,1}(k), k=1,2,\cdots,n_{31}$ 和

$h_{3,2}(k), k=1,2,\cdots,n_{32}$ 可以表示由式子（7-10）和（7-11）分别计算得到。

$$h_{3,1}(k) = \sum_{j=1}^{n_{21}} w_{2,3,1}(j,k) f h_{2,1}(j) = \sum_{j=1}^{n_{21}} w_{2,3,1}(j,k) f \left(\frac{\left(\sum_{i=1}^{n_{11}} w_{1,2,1}(i,j) x_{11}(i)\right) - b_j}{a_j} \right)$$
$$k=1,2,\cdots,n_{31} \quad （7\text{-}10）$$

$$h_{3,2}(k) = \sum_{j=1}^{n_{22}} w_{2,3,2}(j,k) f h_{2,2}(j) = \sum_{j=1}^{n_{22}} w_{2,3,2}(j,k) f \left(\frac{\left(\sum_{i=1}^{n_{12}} w_{1,2,2}(i,j) x_{12}(i)\right) - b_j}{a_j} \right)$$
$$k=1,2,n_{32} \quad （7\text{-}11）$$

式中，$h_{3,1}(k)$ 和 $h_{3,2}(k)$ 分别为子网络 1 和子网络 2 中第 3 层第 k 个节点值；$w_{2,3,1}(j,k)$ 和 $w_{2,3,2}(j,k)$ 分别为两个子网络中第 2 层第 j 个神经元与第 3 层第 k 个神经元的连接权值。

于是，对于整个 DLP-WNN 网络对于任意第 t 天的预测输出 $y(t)$ 的计算如式（7-12）所示。

$$y(t) = \sum_{k=1}^{n_{31}} w_{3,4,1}(k) h_{3,1}(k) + \sum_{k=1}^{n_{32}} w_{3,4,2}(k) h_{3,2}(k) \quad （7\text{-}12）$$

上述为整个网络的顺向预测计算过程，同时利用误差逆向传播过程来进行网络权值修正。在修正过程中，采用梯度下降法修正网络的权值，从而使得网络输出不断逼近期望输出。具体的网络权值修正过程如下。

记第 t 天的期望输出值为 $\hat{y}(t)$，则预测网络的误差 E 的计算如式（7-13）所示。

$$E = \frac{1}{2} \sum_t (\hat{y}(t) - y(t))^2, \quad t=1,2,\cdots,M \quad （7\text{-}13）$$

于是，网络权值可以采用式（7-14）~（7-19）修正：

$$w_{3,4,1}^{u+1}(k) = w_{3,4,1}^{u}(k) + \Delta w_{3,4,1}^{u+1}(k) = w_{3,4,1}^{u}(k) - \eta \frac{\partial E}{\partial w_{3,4,1}^{t}(k)'} \quad k=1,2,\cdots,n_{31}$$
$$（7\text{-}14）$$

$$w_{3,4,2}^{u+1}(k) = w_{3,4,2}^{u}(k) + \Delta w_{3,4,2}^{u+1}(k) = w_{3,4,2}^{u}(k) - \eta \frac{\partial E}{\partial w_{3,4,2}^{t}(k)}, \quad k = 1,2,\cdots,n_{32}$$
（7-15）

$$w_{2,3,1}^{u+1}(j,k) = w_{2,3,1}^{u}(j,k) + \Delta w_{2,3,1}^{u+1}(j,k) = w_{2,3,1}^{u}(j,k) - \eta \frac{\partial E}{\partial w_{2,3,1}^{t}(k)}$$
$$j = 1,2,\cdots,n_{21}; \quad k = 1,2,\cdots,n_{31}$$
（7-16）

$$w_{2,3,2}^{u+1}(j,k) = w_{2,3,2}^{u}(j,k) + \Delta w_{2,3,2}^{u+1}(j,k) = w_{2,3,2}^{u}(j,k) - \eta \frac{\partial E}{\partial w_{2,3,2}^{t}(j,k)}$$
$$j = 1,2,\cdots,n_{22}; \quad k = 1,2,\cdots,n_{32}$$
（7-17）

$$w_{1,2,1}^{u+1}(i,j) = w_{1,2,1}^{u}(i,j) + \Delta w_{1,2,1}^{u+1}(i,j) = w_{1,2,1}^{u}(i,j) - \eta \frac{\partial E}{\partial w_{1,2,1}^{t}(i,j)}$$
$$j = 1,2,\cdots,n_{11}; \quad k = 1,2,\cdots,n_{21}$$
（7-18）

$$w_{1,2,2}^{u+1}(i,j) = w_{1,2,2}^{u}(i,j) + \Delta w_{1,2,2}^{u+1}(i,j) = w_{1,2,2}^{u}(i,j) - \eta \frac{\partial E}{\partial w_{1,2,2}^{t}(i,j)}$$
$$j = 1,2,\cdots,n_{12}; \quad k = 1,2,\cdots,n_{22}$$
（7-19）

其中，η 为学习速率。另外，误差 E 对于各层权重的偏导计算如下：

$$\frac{\partial E}{\partial w_{3,4,1}^{t}(k)} = \frac{\partial E}{\partial y} \frac{\partial y}{\partial w_{3,4,1}^{t}(k)} = -\sum_{t}(\hat{y}(t) - y(t))h_{3,1}(k) \quad k = 1,2,\cdots,n_{31}$$
（7-20）

$$\frac{\partial E}{\partial w_{3,4,2}^{t}(k)} = \frac{\partial E}{\partial y} \frac{\partial y}{\partial w_{3,4,2}^{t}(k)} = -\sum_{t}(\hat{y}(t) - y(t))h_{3,2}(k) \quad k = 1,2,\cdots,n_{32}$$
（7-21）

$$\frac{\partial E}{\partial w_{2,3,1}^{t}(j,k)} = \frac{\partial E}{\partial y} \frac{\partial y}{\partial h_{3,1}(k)} \frac{\partial h_{3,1}(k)}{\partial w_{2,3,1}^{t}(j,k)} = -\sum_{t}(\hat{y}(t) - y(t))w_{3,4,1}(k)fh_{2,1}(j)$$
$$j = 1,2,\cdots,n_{21}; k = 1,2,\cdots,n_{31}$$
（7-22）

$$\frac{\partial E}{\partial w_{2,3,2}^{t}(j,k)} = \frac{\partial E}{\partial y} \frac{\partial y}{\partial h_{3,2}(k)} \frac{\partial h_{3,2}(k)}{\partial w_{2,3,2}^{t}(j,k)} = -\sum_{t}(\hat{y}(t) - y(t))w_{3,4,2}(k)fh_{2,2}(j)$$

$$j = 1, 2, \cdots, n_{22}; k = 1, 2, \cdots, n_{32}$$

(7-23)

$$\frac{\partial E}{\partial w_{1,2,1}^{t}(i,j)} = \frac{\partial E}{\partial y}\left(\sum_{k=1}^{n_{31}} \frac{\partial y}{\partial h_{3,1}(k)} \frac{\partial h_{3,1}(k)}{\partial fh_{2,1}(j)} \frac{\partial fh_{2,1}(j)}{\partial h_{2,1}(j)} \frac{\partial h_{2,1}(j)}{\partial w_{1,2,1}(i,j)}\right)$$

$$= -\sum_{t}(\hat{y}(t) - y(t))\left(\sum_{k=1}^{n_{31}} w_{3,4,1}(k)w_{2,3,1}(j,k)f'\left(h_{2,1}(j)\right)\frac{x_{11}(i)}{a_{j}}\right)$$

$$i = 1, 2, \cdots, n_{11}; j = 1, 2, \cdots, n_{21}$$

(7-24)

$$\frac{\partial E}{\partial w_{1,2,2}^{t}(i,j)} = \frac{\partial E}{\partial y}\left(\sum_{k=1}^{n_{32}} \frac{\partial y}{\partial h_{3,2}(k)} \frac{\partial h_{3,2}(k)}{\partial fh_{2,2}(j)} \frac{\partial fh_{2,2}(j)}{\partial h_{2,2}(j)} \frac{\partial h_{2,2}(j)}{\partial w_{1,2,2}(i,j)}\right)$$

$$= -\sum_{t}(\hat{y}(t) - y(t))\left(\sum_{k=1}^{n_{32}} w_{3,4,2}(k)w_{2,3,2}(j,k)f'\left(h_{2,2}(j)\right)\frac{x_{12}(i)}{a_{j}}\right)$$

$$i = 1, 2, \cdots, n_{11}; j = 1, 2, \cdots, n_{21}$$

(7-25)

其中，$f'(h_{2,1}(j))$ 和 $f'(h_{2,2}(j))$ 为 Morlet 母小波基函数的导数，其表达式如下。

$$f'(x) = -1.75\sin(1.75x)e^{-\frac{x^2}{2}} - x\cos(1.75x)e^{-\frac{x^2}{2}}$$

(7-26)

网络训练完毕之后，可以使用它进行连续 M 期的预测，然后采用平均绝对百分比误差 MAPE 和均方根误差 RMSE 来评价所进行的这 M 期预测的效果，其计算式分别如下所示。

$$MAPE = \frac{1}{M}\sum_{t=1}^{M}\frac{|y(t) - \hat{y}(t)|}{y(t)}$$

(7-27)

$$RMSE = \sqrt{\frac{1}{M}\sum_{t=1}^{M}(y(t) - \hat{y}(t))^{2}}$$

(7-28)

7.3 算例分析

7.3.1 数据输入

京沪高速铁路全长 1 318 km，共有 24 个车站，连接了北京市和上海市之间的 4 个省和 3 个直辖市，本文选取京沪高铁中的短距离 O-D 对、中等距离 O-D 对、中长距离 O-D 对和长距离 O-D 对各 1 个来进行预测分析，具体的选取情况如表 7-4 所示。

表 7-4 不同距离典型 O-D 选取情况表

不同距离 O-D 对类型	具体 O-D 对	实际里程/km
短距离 O-D 对（200 km 左右）	BJ—CZ	210
中等距离 O-D 对（500 km 左右）	BJ—QF	535
中长距离 O-D 对（1 000 km 左右）	BJ—NJ	1 023
长距离 O-D 对（1 300 km 以上）	BJ—SH	1 318

对上述四种距离类型的 O-D 对以 2014 年 1 月 1 日—2016 年 12 月 31 日的高铁售票数据进行分析，其中，以 2014 年 1 月 1 日至 2016 年 9 月 2 日的日客流量数据作为训练集对本文所提出的 DLP-WNN 模型进行学习训练，训练完毕之后再对 2016 年 9 月 3 日—2016 年 12 月 31 日这 120 天的客流量进行预测，最后通过预测结果与实际值的对比来进行误差分析以检验预测模型的有效性。

7.3.2 预测效果分析

图 7-9 至图 7-12 分别为短距离 O-D 对、中等距离 O-D 对、中长距离 O-D 对和长距离 O-D 对的中期日客流量预测结果图（详细的预测数据结果见附录）。从图 7-9 中可以看出，除了极少数点之外，4 种不同距离类型下的 O-D 对在 120 天的连续预测中，整体预测值跟实际值误差都

比较小，同时从表 7-5 中的误差统计数据可以看出，4 种类型的 O-D 对所进行的 120 天预测的平均绝对百分比误差 $MAPE$ 都在 12% 以下。以上几点说明本文所提出来的 DLP-WNN 模型对于中期日客流量预测具有较好的预测效果和精度。

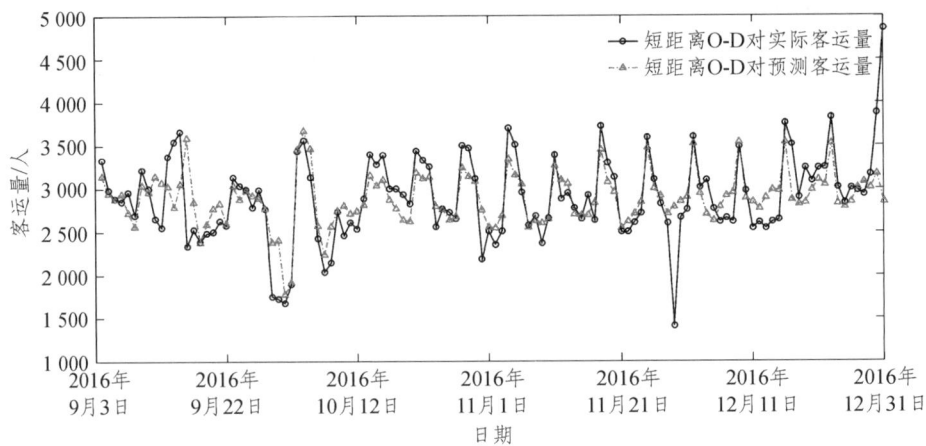

图 7-9　短距离 O-D 对中期预测效果图

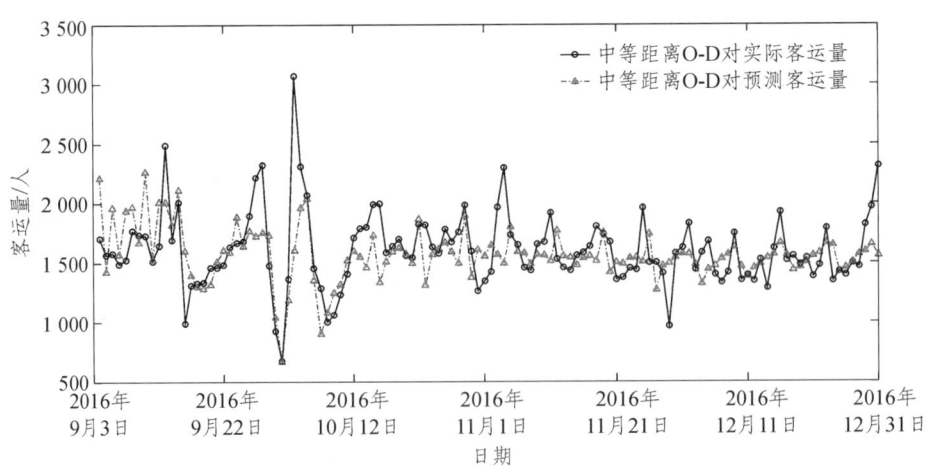

图 7-10　中等距离 O-D 对中期预测效果图

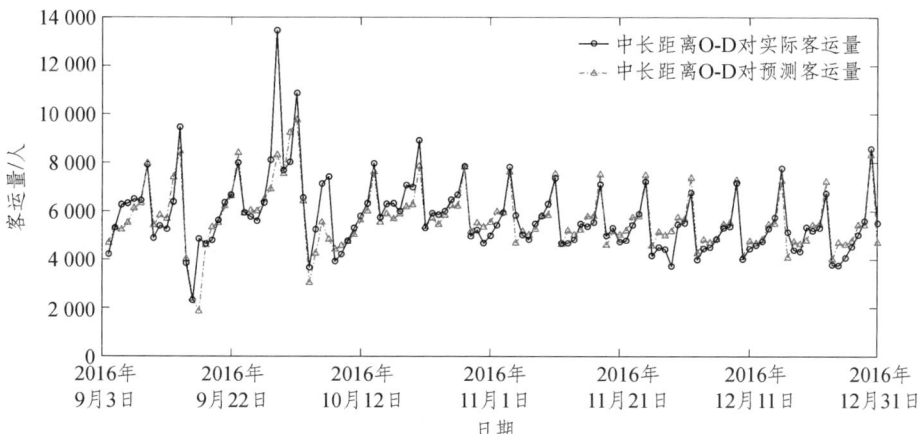

图 7-11 中长距离 O-D 对中期预测效果图

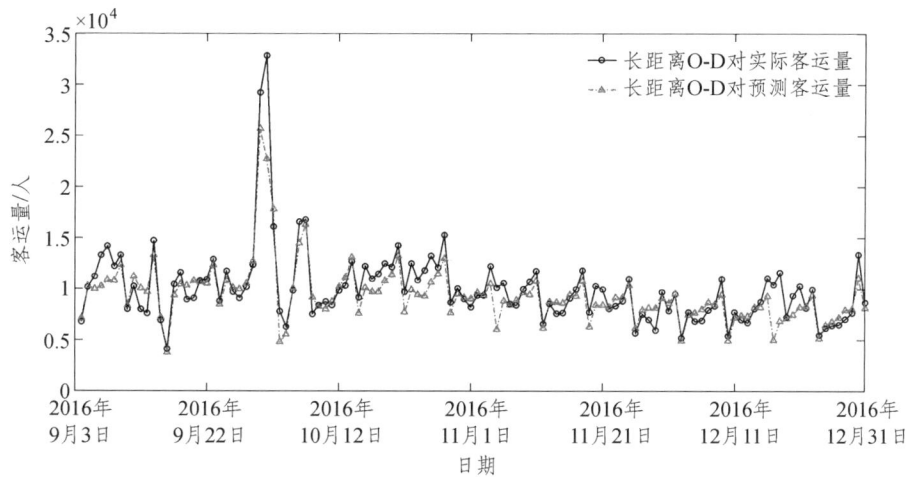

图 7-12 长距离 O-D 对中期预测效果图

表 7-5 不同类型 O-D 对的中期预测误差分析表

O-D 对类型	MAPE	RMSE
短距离 O-D 对	8.48%	355.4
中等距离 O-D 对	11.65%	282.1
中长距离 O-D 对	7.96%	779.5
长距离 O-D 对	10.94%	1 724.6

接下来，将本文所提出的 DLP-WNN 预测模型与其他方法进行预测对比，以检验我们的预测效果。本文分别采用 BP 神经网络、ELM 极限学习机、ELMAN 神经网络、GRNN 广义回归神经网络和 VMD-GA-BP 变分模态分解-遗传-BP 神经网络[95]等预测方法分别对上述四种距离下的 O-D 对进行 120 天的日客流量预测，详细的预测数值结果见附录，其具体效果对比如图 7-13 至图 7-24 所示。

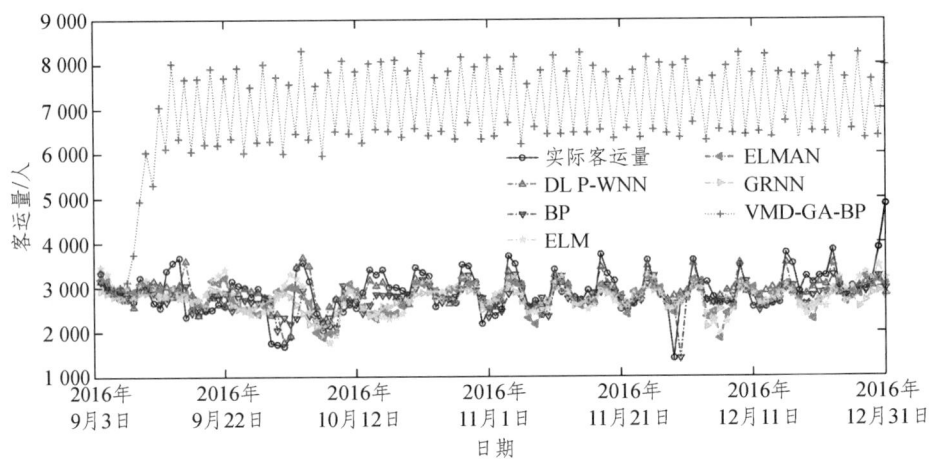

图 7-13 短距离 O-D 对预测效果对比图

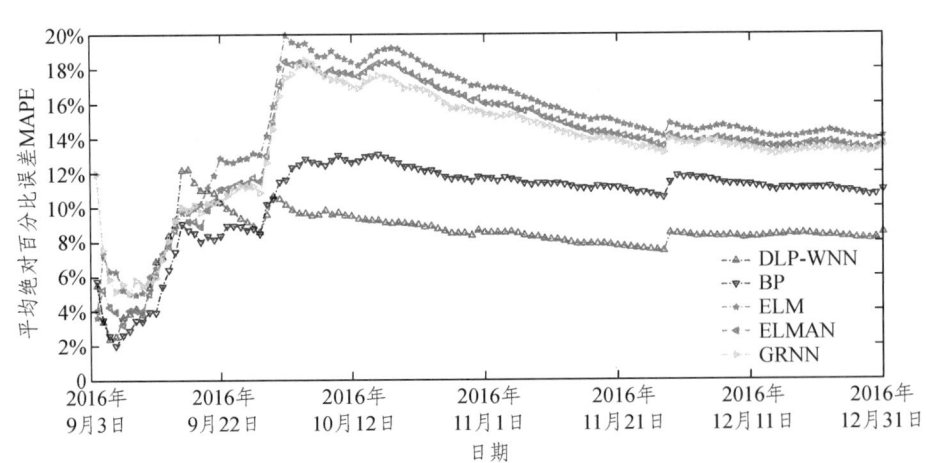

图 7-14 短距离 O-D 对预测 MAPE 误差对比图

第7章 高速铁路日客流量中期预测

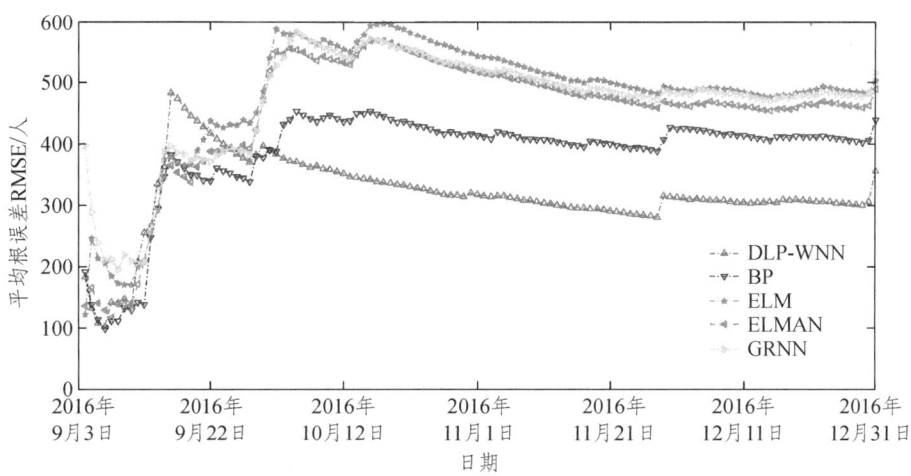

图 7-15 短距离 O-D 对预测 RMSE 误差对比图

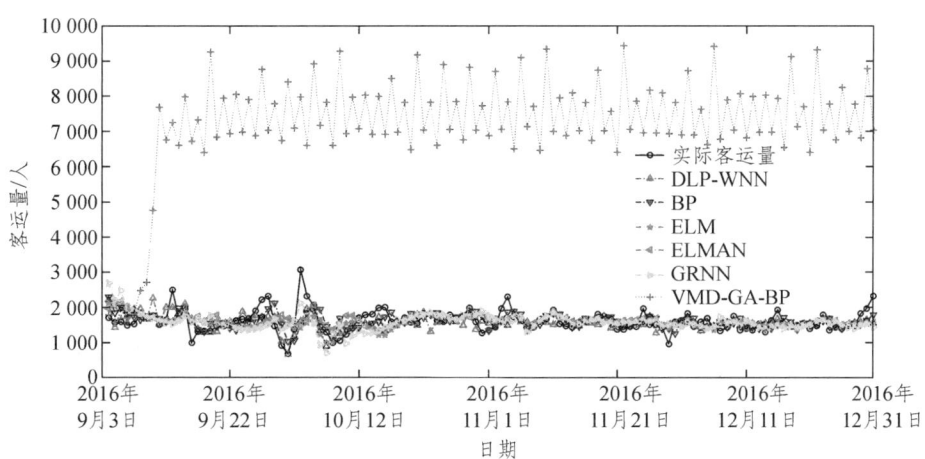

图 7-16 中等距离 O-D 对预测效果对比图

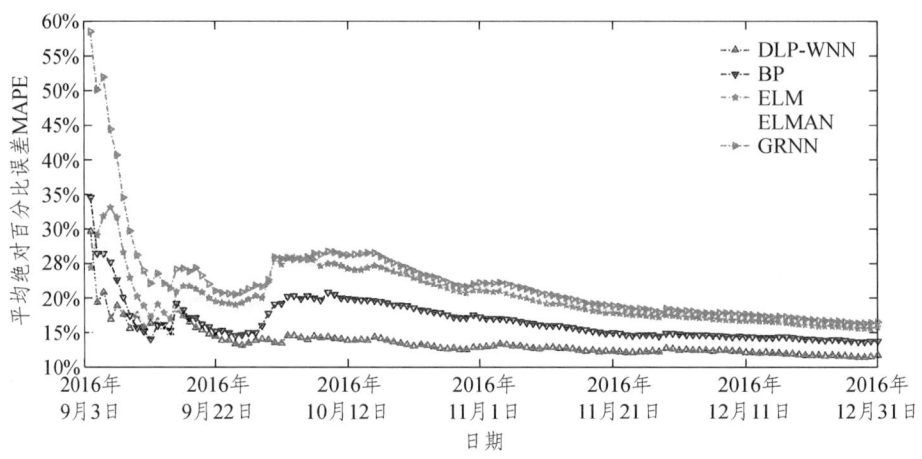

图 7-17　中等距离 O-D 对预测 MAPE 误差对比图

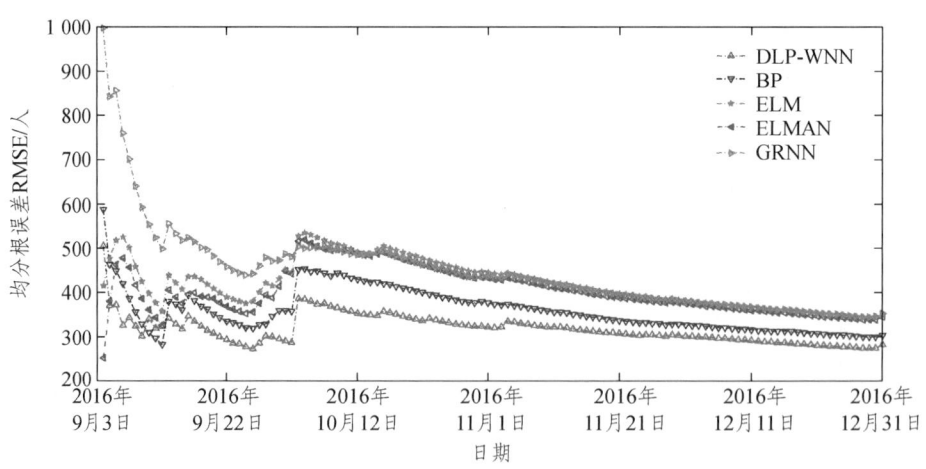

图 7-18　中等距离 O-D 对预测 RMSE 误差对比图

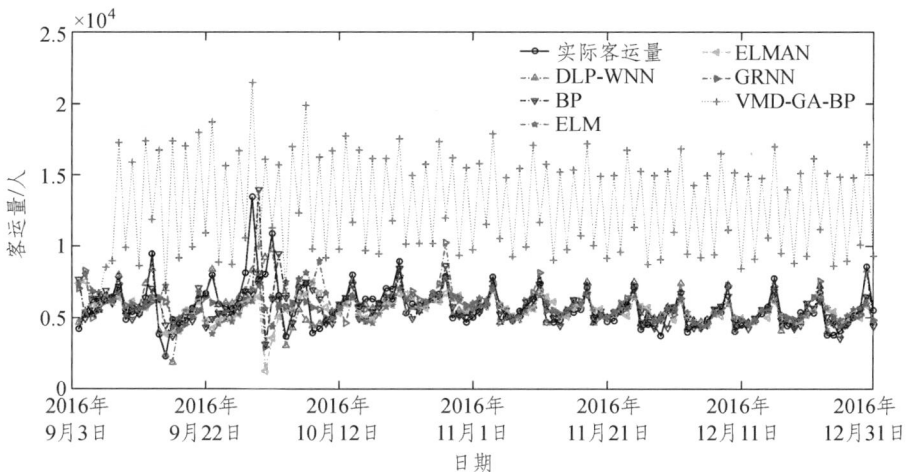

图 7-19 中长距离 O-D 对预测效果对比图

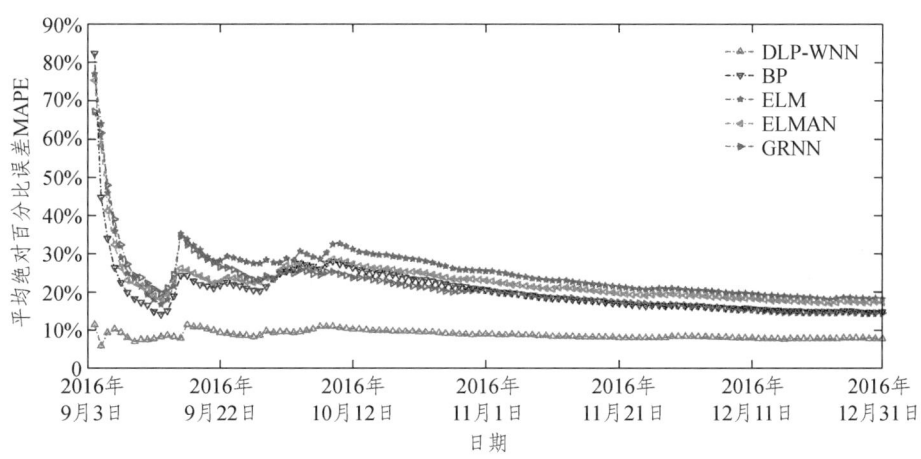

图 7-20 中长距离 O-D 对预测 MAPE 误差对比图

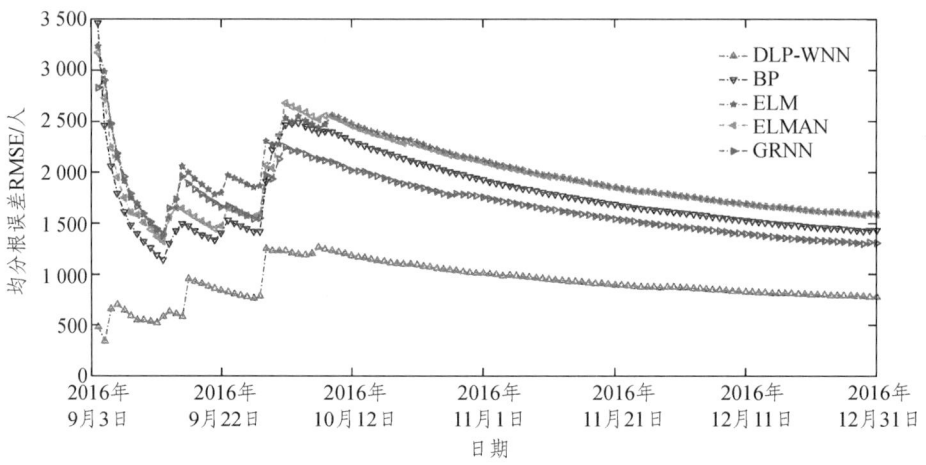

图 7-21 中长距离 O-D 对预测 RMSE 误差对比图

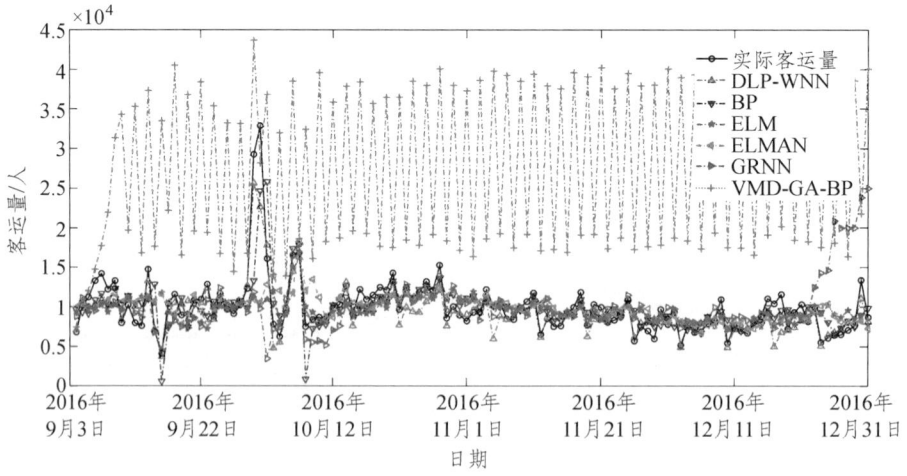

图 7-22 长距离 O-D 对预测效果对比图

第 7 章 高速铁路日客流量中期预测

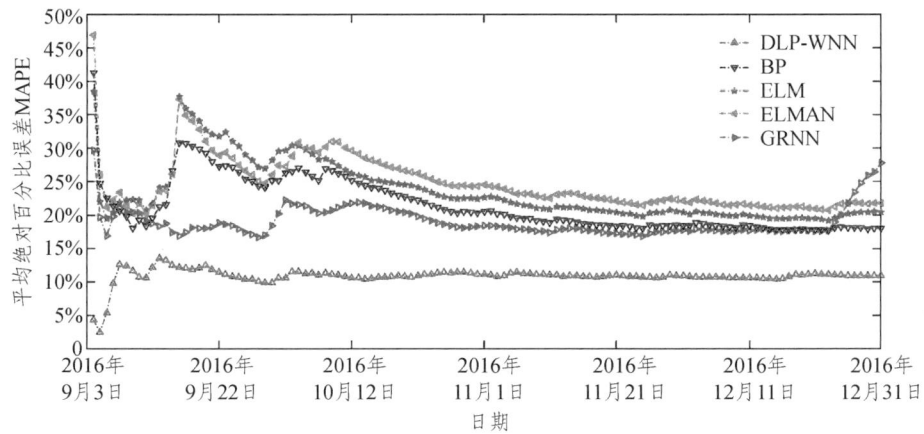

图 7-23 长距离 O-D 对预测 MAPE 误差对比图

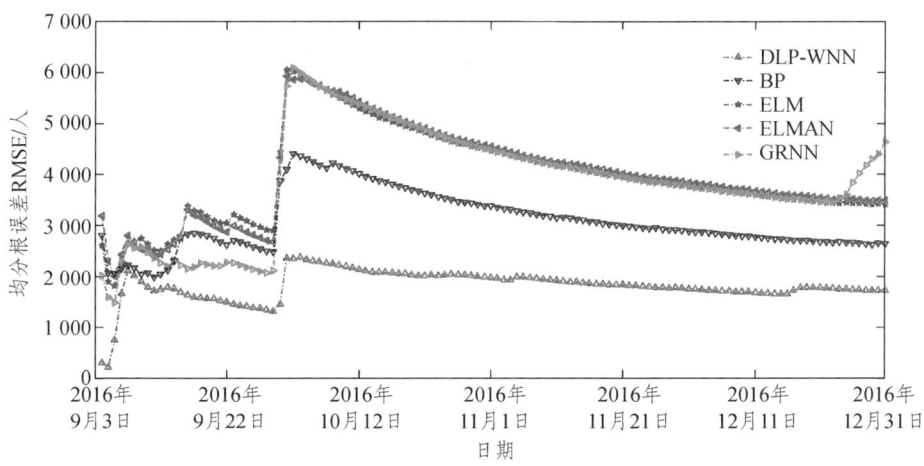

图 7-24 长距离 O-D 对预测 RMSE 误差对比图

上述图 7-13、图 7-16、图 7-19 和图 7-22 分别为上述的各种预测方法对短距离 O-D 对、中等距离 O-D 对、中长距离 O-D 对和长距离 O-D 对的预测效果图。通过这些图可以看出，本书所提出的 DLP-WNN 预测方法对四种距离类型下的 O-D 对的中期预测效果都是较好的；而 VMD-GA-BP 方法在预测期最开始的几天表现效果不错，但是随着预测天数的增加，该方法的预测值和实际值偏离得最大，这说明该方法只适用于短期预测，不适用于中期预测。因该方法的误差实在太大，在后续

的预测 *MAPE* 误差和 *RMSE* 误差对比分析中，若把该方法和其他几个预测方法一起分析，会严重影响其他几个方法的误差区分度，因此没有把 VMD-GA-BP 方法的 *MAPE* 误差和 *RMSE* 误差绘制进入相应的图片中，不过其误差的具体数值结果见表 7-5 和表 7-6。

图 7-14、图 7-17、图 7-20 和图 7-23 分别是各种预测方法对短距离 O-D 对、中等距离 O-D 对、中长距离 O-D 对和长距离 O-D 对的预测 *MAPE* 误差对比图；而图 7-15、图 7-18、图 7-21 和图 7-24 则分别是各种预测方法对四种距离 O-D 对的预测 *RMSE* 误差对比图。从这些图片中可以看出，随着横坐标预测天数的增加，本书所提出的 DLP-WNN 预测方法相对其他几种预测方法来说，在四种不同距离类型的 O-D 对情况下，平均绝对百分比误差 *MAPE* 和均方根误差 *RMSE* 都具有明显优势；另外从表 7-6 和表 7-7 的 120 天预测期的 *MAPE* 值对比和 *RMSE* 值对比中同样也可以看出，本书所提出的 DLP-WNN 预测方法误差都是最小的，综合以上，说明本书所提出的 DLP-WNN 模型非常适用于高速铁路旅客日客流量的中期预测。

表 7-6　不同预测方法 120 天预测期的 MAPE 值对比

O-D 对类型	DLP-WNN	BP	ELM	ELMAN	GRNN	WMD-GA-BP
短距离 O-D 对	8.48%	10.98%	14.08%	13.58%	13.51%	146.60%
中等距离 O-D 对	11.65%	13.77%	15.75%	16.05%	16.55%	367.15%
中长距离 O-D 对	7.96%	14.82%	18.32%	17.39%	14.57%	129.23%
长距离 O-D 对	10.94%	18.06%	20.46%	21.77%	27.73%	200.13%

表 7-7　不同预测方法 120 天预期侧的 RMSE 值对比（人）

O-D 对类型	DLP-WNN	BP	ELM	ELMAN	GRNN	WMD-GA-BP
短距离 O-D 对	355.4	438.9	503.2	488.3	515.1	4 207.4
中等距离 O-D 对	282.1	303.3	350.4	350.4	353.6	5 812.7
中长距离 O-D 对	779.5	1432	1591.1	1593.8	1309	7 779.5
长距离 O-D 对	1724.6	2642.5	3411.9	3487.7	4630.2	20 431.4

7.4 小　结

本章首先分析了非节假日和节假日的高铁客流量特征，分别体现了客流量变化的动态周期特征和节假日属性影响特征。基于上述特征分析，构建了高铁旅客日客流量中期预测的 DLP-WNN 双层平行小波神经网络模型，其通过对 2 个平行的小波神经网络输出结果的加权求和来获得预测输出。其中，子网络 1 体现的是预测日前面若干天的客流量对于预测日客流量的影响，子网络 2 体现的是预测日该天的时间属性和节假日属性对客流量的影响。最后，分别以京沪高铁中的短距离、中等距离、中长距离和长距离这四种距离类型的 O-D 对为算例，应用本文所提出的 DLP-WNN 模型进行了 120 天的客流量预测，并通过和其他几种预测方法进行预测效果和误差的对比来体现本文方法的预测效果。

需要注意的是，本文所提出预测模型中，两个子网络都是在学习历史客流数据的基础上输出结果的，其隐含的前提条件是过去的情况还会延续到以后，也就是说在高铁运输市场不发生剧烈变动的前提情况下，本书所提出的中期预测方法效果是较好的；但是，若出现经济形势剧烈波动或者高铁票价剧烈波动等情况，历史客流量数据对未来客流量预测的借鉴意义不大，可能就需要使用其他预测方法来进行预测，这里可以作为未来的研究内容进行后续研究。

结论与展望

1. 主要研究工作及创新点

本文在国内外现有研究基础上，系统地提出了高速铁路旅客客流时变需求预测的理论和方法，主要工作和创新点如下。

（1）剖析了高速铁路旅客时变需求预测问题。

针对高速铁路旅客时变需求的特点，将其分解为高速铁路旅客出行需求分布估计和日客流量预测这两个子问题。针对时变需求分布估计问题，分析了其需要解决的核心问题是如何消除列车运行图、列车能力、票价费用等因素对高铁旅客出行选择的影响，以获得一天内高铁旅客在运营时间段的出行需求分布；另外，针对日客流量预测问题，提出了其需要解决的核心问题是如何在中期（120 天）的日客流量预测时保证精度。

（2）提出了基于客流量的高速铁路旅客时变需求分布逆分配估计方法。

通过模拟高速铁路旅客的购票过程，以任意有效乘车方案能力饱和（车票售罄）为分界点，将 O-D 间的整个购票过程划分为若干购票阶段；然后将每个购票阶段中各有效乘车方案的客流量逆向分配至其对应的吸流区间，以获得这个购票阶段的出行需求分布，并通过加总所有购票阶段的出行需求分布以获得该 O-D 的时变需求分布。

提出了优于关系链来体现各个乘车方案之间的能力饱和顺序；然后结合最长优于关系链，提出了所有乘车方案都只在其最小购票阶段为有效乘车方案和所有乘车方案在其最小购票阶段至最大购票阶段都是有效乘车方案这两种典型情况。然后，基于典型情况 1 设计了单购票阶段逆向分配估计法，并进行了算例测试及参数灵敏度分析。同样的，本书基于典型情况 2 设计了多购票阶段逆向分配估计法，并同样进行了算例测试及参数灵敏度分析。另外，通过设计的有效性检验算例分析表明，上述基于两种典型情况所提出的估计方法的误差介于 6%～9%，两者误差都相对较小，从而验证了所提出的两个方法的有效性。

（3）设计了基于购票数据的高铁旅客时变需求分布最大熵估计模型。

利用从铁路售票系统中提取旅客购票操作信息的方法来估计高铁旅客时变需求分布。其中，从铁路售票系统中所提取出的当前可用乘车方案集反映了 O-D 间各个乘车方案在车票预售期的供给状态；而提取出的各个旅客购票操作链则体现了在预售期各个时刻各乘车方案车票供给状态下的旅客购票选择行为。

根据购票操作链，基于屋顶模型提出了一个推算旅客期望出行时间范围的算法，并由此获得各个旅客的期望出行时间范围。然后，基于各个旅客的期望出行时间范围，建立了时变需求最大熵估计模型并设计了对应的求解算法。

本书通过算例一展示了求解旅客期望出行时间范围并据此估计时变需求分布的具体计算过程和结果。从算例结果可以发现，通过判断旅客购票操作链中乘车方案调整的原因，并据此进行期望出行时间范围推算可以尽可能精确地获取旅客的期望出行时间范围。

本书通过算例二进一步检验了本文所提出的最大熵估计算法的精度。通过对四种典型时变需求分布的 1 000 次独立重复估计的误差表明：在以 5 min 和小时为间隔所统计的基于最大熵模型的估计误差分别在 7.7% 和 3.3% 以下。另外，根据灵敏度分析，再一次验证了本文所提出的时变需求分布最大熵估计法在不同的旅客时间价值下的有效性。

（4）设计了高速铁路旅客日客流量中期预测模型。

通过对高速铁路旅客的日客流量历史数据进行分析得到以下特征：① 年、月、日、星期这几个时间因素对高铁旅客日客流量有一定的影响；② 不同天数的节假日，因放假时长不一致，其对高铁旅客日客流量的影响明显不同；③ 节假日天数相同情况下，同一节假日在不同年份对于客流量的影响趋势是较为一致的；④ 节假日天数相同的情况下，不同类型的节假日其对高铁客流量的影响存在差异；⑤ 在同一个节假日范围内，处在节假日具体第几天的位置不同，日客流量差异明显；⑥ 节假日不仅仅只影响自身假期内的客流量，还可能对邻接假期前后的 1～2 天产生较大影响。

在获得上述特征的基础上，本文构建了高铁旅客日客流量中期预测的 DLP-WNN 双层平行小波神经网络模型。该模型通过对 2 个平行的小波神经网络输出结果的加权求和来获得预测输出。其中，子网络 1 体现的是预测日前面若干天的高铁客流量对于预测日当天的影响，而子网络 2 体现的是预测日的时间属性和节假日属性对于该天客流量的影响。综合两个子网络以获得整个预测输出，就既可以延续最近的日客流量的总体趋势，又体现不同日期（特别是节假日）之间的客流量差异，以此保证我们的模型在进行中期预测时的精度。

通过对京沪高铁中四种不同距离类型的 O-D 对进行连续 120 天的日客流量预测并与其他预测方法进行对比，证明了 DLP-WNN 模型的预测结果较其他预测模型更好，适用于进行高速铁路旅客日客流量的中期预测。

2．展　望

获取高速铁路客流时变需求是一个复杂的技术性问题，而本文是在一定的假设条件基础上进行相关问题研究分析的，所以还有一些问题值得进一步的研究和探讨：

（1）基于多类用户多种席别的高铁时变需求分布估计问题。本书是基于所有旅客具有相同时间价值的假设情况下，对时变需求分布进行估计的；然而在实际高铁运输过程中，不同旅客之间的时间价值可能会存在一定差异；并且高铁列车存在多种席别，不同席别下旅客的需求量存在差异。因此，多类用户多种席别情况下的旅客需求分布估计值得进一步的研究。

（2）基于非线性的期望出行时间调整费用下的旅客购票选择过程分析。本文是基于屋顶模型进行的旅客购票选择过程分析和模拟，在该模型中，旅客调整自身期望出行时间选择合适列车出发时，调整费用是跟调整时间长度线性相关的，在接下来的研究中，可以考虑调整费用跟调整时间长度的其他可能关系，以更好地分析高铁旅客的购票选择行为。

（3）基于客流分配思想的高铁时变需求分布估计。类似于道路交通中 O-D 反推的思路，在未来的研究中，可以根据高铁旅客的购票过程，采用高铁网络上客流分配的思想，来对网络上各 O-D 间的时变需求分布进行估计。

（4）考虑延误和不确定因素的时变需求分布估计。本文所关注的旅客时变需求是针对期望出发时间的，当考虑延误和不确定因素对出行时间的影响时，基于出发的时变需求和基于到达的时变需求是不能够直接转化的，此时的时变需求分布估计问题也值得在下一步进行研究。

参考文献

[1] UIC. THE WORLDWIDE RAILWAY ORGANIZATION（国际铁路联盟）[EB/OL][2019-01-01]. https://uic.org/highspeed#What-is-High-speed-rail.

[2] 国家铁路局. 中国高速铁路 [EB/OL][2019-01-01]. http://www.nra.gov.cn/ztzl/hyjc/gstl_/.

[3] 国家统计局. 2018 年国民经济和社会发展统计公报[EB/OL]. [2019-02-08]. http://www.stats.gov.cn/tjsj/zxfb/201902/t20190228_1651265.html.

[4] 人民网. 2018 年全国铁路营业里程达到 13.1 万公里[EB/OL]. [2019-01-02]. http://sn.people.com.cn/n2/2019/0102/c378287-32483209.html.

[5] 中华人民共和国国家发展和改革委员会.《中长期铁路网规划》[EB/OL]. [2016-07-20]. http://www.ndrc.gov.cn/zcfb/zcfbtz/201607/t20160720_811696.html.

[6] 中华人民共和国国家发展和改革委员会.《铁路"十三五"发展规划》[EB/OL]. [2017-11-24]. http://www.ndrc.gov.cn/zcfb/zcfbghwb/201711/t20171124_867819.html.

[7] 中国铁路总公司. 高速铁路客流组织[M]. 北京：中国铁道出版社，2014.

[8] 赵鹏. 高速铁路运营组织[M]. 北京：中国铁道出版社，2009.

[9] Chang YH, Yeh CH, Shen CC. A multi-objective model for passenger train services planning: application to Taiwan's high-speed rail line[J]. Transportation Research Part B 2000；34: 91-106.

[10] Goossens JW, Van Hoesel S, Kroon L. A branch-and-cut approach for solving railway line planning problems[J]. Transportation Science 2004，38: 379-393.

[11] Goossens JW, van Hoesel S, Kroon L. On solving multi-type railway line planning problems[J]. European Journal of Operational Research 2006, 168:403-424.

[12] Fu HL, Nie L, Meng LY, Sperry BR, He ZH. A hierarchical line planning approach for a large-scale high speed rail network: The China case[J]. Transportation Research Part A 2015, 75: 61-83.

[13] Kaspi M, Raviv T. Service-Oriented Line Planning and Timetabling for Passenger Trains[J]. Transportation Science 2013, 47(3): 295-311.

[14] Niu HM, Zhou XS, Gao RH. Train scheduling for minimizing passenger waiting time with time-dependent demand and skip-stop patterns: Nonlinear integer programming models with linear constraints[J]. Transportation Research Part B 2015, 76: 117-135.

[15] Niu HM, Zhou XS. Optimizing urban rail timetable under time-dependent demand and oversaturated conditions[J]. Transportation Research Part C 2013, 36(11): 212-230.

[16] Eva B, David C, Leandro CC, Gilbert L. Exact formulations and algorithm for the train timetabling problem with dynamic demand[J]. Computers & Operations Research 2014, 44: 66-74.

[17] Huanyin Su, Feng Shi, Guangming Xu, Jin Qin, Xinghua Shan. Schedule-Based Passenger Assignment for High-Speed Rail Networks considering the Ticket-Booking Process[J]. Mathematical Problems in Engineering, 2016, 15: 1-16.

[18] Guangming Xu, Hai Yang, Wei Liu, Feng Shi. Itinerary choice and advance ticket booking for high-speed-railway network services[J]. Transportation Research Part C 2018, 95, 82-104.

[19] Smith, B.C., Leimkuhler, J.F., Darrow, R.M., Yield management at American airlines[J]. Interfaces 1992, 22 (1): 8-31.

[20] Weatherford, L.R., Pölt, S. Better unconstraining of airline demand data in revenue management systems for improved forecast accuracy and greater revenues[J]. Journal of Revenue and Pricing Management. 2002, 1 (3): 234-254.

[21] Gustavo Vulcano, Garrett van Ryzin, Richard Ratliff. Estimating Primary Demand for Substitutable Products from Sales Transaction Data[J]. Operations Research 2012, 60 (2): 313-334.

[22] Sun YS, Jiang ZB, Gu JJ, Zhou M, Li YM, Zhang L. Analyzing high speed rail passengers' train choices based on new online booking data in China[J]. Transportation Research Part C 2018, 97: 96-113.

[23] McGill Jeffrey I.. Censored regression analysis of multiclass passenger demand data subject to joint capacity constraints[J]. Annals of Operations Research 1995, 60: 209-240.

[24] Mukhopadhyay Somnath. Samaddar Subhashish. Colville Glenn. Improving Revenue Management Decision Making for Airlines by Evaluating Analyst-Adjusted Passenger Demand Forecasts[J]. Decision Sciences 2007, 38(2): 309-327.

[25] Ratliff, R.M., Rao, B.V., Narayan, C.P., Yellepeddi, K.. A multi-flight recapture heuristic for estimating unconstrained demand from airline bookings[J]. Journal of Revenue and Pricing Management. 2008, 7 (2): 153-171.

[26] Wen Chieh-Hua, Chen Po-Hung. Passenger booking timing for low-cost airlines: A continuous logit approach[J]. Journal of Air Transport Management 2017, 64: 91-99.

[27] Chiou Yu-Chiun, Liu Chia-Hsin. Advance purchase behaviors of air tickets[J]. Journal of Air Transport Management 2016, 57: 62-69.

[28] Chiou Yu-Chiun, Liu Chia-Hsin. Advance purchase behaviors of air passengers: A continuous logit model[J]. Transportation Research Part E 2016, 93: 474-484.

[29] Diego Escobari. Estimating dynamic demand for airlines[J]. Economics Letters 2014, 124: 26-29.

[30] 杨柳青. 基于 EEMD 的航空客流需求预测技术及其应用研究[D]. 武汉：华中科技大学，2009.

[31] 梁小珍，乔晗，汪寿阳，张珣. 基于奇异谱分析的我国航空客运量集成预测模型[J]. 系统工程理论与实践，2017，（37）6：1479-1488.

[32] 演克武. 基于需求预测的机型指派和评价研究[D]. 南京：南京航空航天大学，2010.

[33] 王哲. 中美航空客运市场需求预测研究[D]. 广汉：中国民用航空飞行学院，2015.

[34] 李霞. 中欧国际航线市场需求的影响因素及预测分析[D]. 广汉：中国民用航空飞行学院，2018.

[35] K. Ashok，M. E. Ben-Akiva. Alternative Approaches for Real-Time Estimation and Prediction of Time-Dependent Origin–Destination Flows[J]. Transportation Science 2000，34 (1): 21-36.

[36] M. Bierlaire，F. Crittin. An Efficient Algorithm for Real-Time Estimation and Prediction of Dynamic OD Tables[J]. Operations Research 2004，52 (1): 116-127.

[37] Xuesong Zhou，Hani S. Mahmassani. A structural state space model for real-time traffic origin–destination demand estimation and prediction in a day-to-day learning framework[J]. Transportation Research Part B 2007, 41: 823-840.

[38] Vittorio Marzano，Andrea Papola，Fulvio Simonelli. Limits and perspectives of effective O–D matrix correction using traffic counts[J]. Transportation Research Part C 2009, 17, 120-132

[39] Ennio Cascetta，Andrea Papola，Vittorio Marzano，Fulvio Simonelli，Iolanda Vitiello. Quasi-dynamic estimation of O–D flows from traffic counts: Formulation, statistical validation and performance analysis on real data[J]. Transportation Research Part B 2013, 55: 171-187.

[40] Djukic T，Flötteröd G，Van Lint H，Hoogendoorn SP. Efficient real time OD matrix estimation based on principal component analysis[J]. International IEEE Conference on Intelligent Transportation Systems，2012.

[41] Tavana, H.. Internally-Consistent Estimation of Dynamic Network Origin–Destination Flows from Intelligent Transportation Systems Data Using Bilevel Optimization[J]. Ph.D. Dissertation，2001.

[42] Zhou, X., Qin, X., Mahmassani, H.S.. Dynamic origin–destination

demand estimation using multi-day link traffic counts for planning applications[J]. Transportation Research Record 2003, 1831: 30-38.

[43] Zhou, X., Mahmassani, H.S.. Dynamic origin-destination demand estimation using automatic vehicle identification data[J]. IEEE Transactions on Intelligent Transportation Systems 2006, 7(1): 105-114.

[44] Lu, C.C., Zhou, X., Zhang, K.. Dynamic origin–destination demand flow estimation under congested traffic conditions[J]. Transportation Research Part C 2013, 34: 16-37.

[45] Martin L. Hazelton. Statistical inference for time varying origin–destination matrices[J]. Transportation Research Part B 2008, 42: 542-552.

[46] Hu Shao, William H.K. Lam, Agachai Sumalee, Anthony Chen, Martin L. Hazelton. Estimation of mean and covariance of peak hour origin–destination demands from day-to-day traffic counts[J]. Transportation Research Part B 2014, 68: 52-75.

[47] 林勇，蔡远利，黄永宣. 高速公路动态OD矩阵估计[J]. 长安大学学报（自然科学版），2003，23（6）：83-86.

[48] 焦朋朋, 陆化普. 高速路段动态OD反推模型与算法研究[J]. 公路交通科技，2005，22（4）：95-98.

[49] 郝光. 动态OD矩阵推算模型及算法研究[D]. 成都：西南交通大学，2007.

[50] 李俊卫，林柏梁，王海星，耿雪霏. 快速路通道动态OD流估计模型[J]. 北京交通大学学报，2008，32（6）：37-41.

[51] 李俊卫，林柏梁，耿雪霏，孙智慧. 基于Unscented Kalman Filter算法的一个快速路动态OD矩阵估计模型[J]. 中国科学E辑：技术科学，2009，39（7）：1347-1356.

[52] 常云涛. 考虑交通流行驶时间的高速公路动态OD矩阵估计模型[J]. 同济大学学报（自然科学版），2009，37（9）：1185-1190.

[53] 陈森发，周振国，于栋华. 一种动态OD矩阵估计算法的理论及应用[J]. 东南大学学报（自然科学版），2003，33（1）：106-110.

[54] 林勇，蔡远利，黄永宣. 基于卡尔曼滤波的动态OD矩阵估计[J].

系统工程理论与实践，2003，10（10）：135-139.

[55] 林勇，蔡远利，黄永宣. 基于广义最小二乘模型的动态交通 OD 矩阵估计[J]. 系统工程理论与实践，2004，1（1）：136-140.

[56] 焦朋朋,陆化普,杨珊珊. 动态 OD 反推理论中的关键问题研究[J]. 公路交通科技，2004，21（12）：93-95.

[57] 李杰,陈锋,王家捷. 一种动态 OD 矩阵估计算法的研究及应用[J]. 模式识别与人工智能，2006，19（6）：753-757.

[58] 赵慧. 基于二源数据的城市路网动态 OD 估计模型与算法[D]. 北京：北京交通大学，2009.

[59] 赵慧,于雷,郭继孚,赵娜乐,温慧敏,朱琳. 基于浮动车和 RTMS 数据的动态 OD 估计模型[J]. 交通运输系统工程与信息，2010，10（1）：72-80.

[60] 王京. 基于交通流参数的动态 OD 估计方法研究[D]. 长春：吉林大学，2012.

[61] 刁阳. 城市路网动态 OD 矩阵估计仿真方法研究[D]. 上海：上海交通大学，2011.

[62] 刁阳,隽志才,倪安宁. 城市道路网络动态 OD 矩阵预测模型[J]. 上海交通大学学报，2012，46（3）：436-440.

[63] 孙剑,冯羽. 基于车辆自动识别技术的动态 OD 矩阵估计新方法[J]. 同济大学学报（自然科学版），2013，41（9）：1366-1371.

[64] 周旭. 基于 RFID 数据的动态 OD 矩阵估计研究[D]. 南京:东南大学，2015.

[65] 江竹，雷震宇，李树彬. 基于多项式趋势模型的动态 OD 矩阵估计[J]. 交通运输系统工程与信息，2016，16（6）：176-181

[66] 李明亮. 基于 RFID 电子车牌的动态 OD 估计模型及应用研究[D]. 重庆:重庆大学，2017.

[67] 聂庆慧. 基于交通传播特性分析的城市路网动态 OD 在线估计[D]. 南京：东南大学，2017.

[68] 杨小丽. 基于 RFID 数据的动态 OD 估计及应用研究 [D]. 重庆：重庆交通大学，2018.

[69] 郭晗. 基于多源数据的动态 OD 估计方法研究[D]. 北京：北京建筑大学，2018.

[70] Jinhua Zhao，Adam Rahbee，Nigel H. M. Wilson. Estimating a Rail Passenger Trip Origin-Destination Matrix Using Automatic Data Collection Systems[J]. Computer-Aided Civil and Infrastructure Engineering 2007, 22: 376-387.

[71] Wei Wang，John P. Attanucci and Nigel H.M. Wilson. Bus passenger origin–destination estimation and related analyses using automated data collection systems[J]. Journal of Public Transportation. 2011, 14 (4): 131-150.

[72] Baibing Li. Markov models for Bayesian analysis about transit route origin–destination matrices[J]. Transportation Research Part B 2009, 43: 301-310.

[73] S. C. WONG，C. O. TONG. Estimation of time-dependent origin-destination matrices for transit networks[J]. Transportation Research Part B 1998, 32: 35-48.

[74] YAO Xiang-ming, ZHAO Peng, YU Dan-dan. Real-time origin-destination matrices estimation for urban rail transit network based on structural state-space model[J]. Journal of Central South University. 2015; 22: 4498-4506.

[75] 姚向明, 赵鹏, 禹丹丹. 城市轨道交通网络短时客流OD估计模型[J]. 交通运输系统工程与信息，2015，15（2）：149-155.

[76] 刘洋. 城市轨道交通线网客流OD动态估计[D]. 南京：东南大学，2017.

[77] 陈志杰，毛保华，柏赟，许奇，张桐. 基于多时间尺度的城市轨道交通短时OD估计[J]. 交通运输系统工程与信息，2017，17（5）：166-172.

[78] 姚向明，赵鹏，禹丹丹. 基于平均策略的城市轨道交通动态矩阵估计[J]. 吉林大学学报（工学版），2016，46（1）：92-99.

[79] 蒋熙，贾飞凡，冯佳平. 基于AFC数据的城轨路网客流OD在线动态估计[J]. 交通运输系统工程与信息，2018，18（5）：129-135.

[80] Wang, Y., Tang, T., Ning, B., Boom, T., Schutter, B.D.. Passenger-demands-oriented train scheduling for an urban rail transit network[J]. Transportation Research Part C 2015, 60: 1-23.

[81] Shi, F., Zhao, S., Zhou, Z., Wang, P., Bell, M.G.. Optimizing train operational plan in an urban rail corridor based on the maximum headway function[J]. Transportation Research Part C 2017, 74: 51-80.

[82] Tsung-Hsien Tsai, Chi-Kang Lee, Chien-Hung Wei. Neural network based temporal feature models for short-term railway passenger demand forecasting[J]. Expert System with Applications, 2009, 36: 3728-3736.

[83] Yu Wei, Mu-Chen Chen. Forecasting the short-term metro passenger flow with empirical mode decomposition and neural networks[J]. Transportation Research Part C 2012, 21: 148-162.

[84] Xiushan Jiang, Lei Zhang, Xiqun Chen. Short-term forecasting of high speed rail demand: A hybrid approach combining ensemble empirical mode decomposition and gray support vector machine with real-world applications in China[J]. Transportation Research Part C 2014, 44: 110-127.

[85] Maria Borjesson. Forecasting demand for high speed rail[J]. Transportation Research Part A 2014, 70: 81-92.

[86] Lijuan Liu, Rung-Ching Chen. A novel passenger flow prediction model using deep learning methods[J]. Transportation Research Part C 2017, 84: 74-91.

[87] Jérémy Roos, Gérald Gavin, Stéphane Bonnevay. A dynamic Bayesian network approach to forecast short-term urban rail passenger flows with incomplete data[J]. Transportation Research Procedia 2017, 26: 53-61.

[88] Yang Liu, Zhiyuan Liu, Ruo Jia. DeepPF: A deep learning based architecture for metro passenger flow prediction[J]. Transportation Research Part C 2019, 101: 18-34.

[89] 王艳辉, 王卓, 贾利民, 秦勇. 铁路客运量数据挖掘预测方法及应用研究[J]. 铁道学报, 2004, 26（5）: 1-7.

[90] 王卓, 王艳辉, 贾利民, 李平. 改进的BP神经网络在铁路客运量时间序列预测中的应用[J]. 中国铁道科学, 2005, 26(2): 127-131.

[91] 汪健雄，刘春煌，单杏花，朱建生. 基于双层次正交神经网络模型的铁路客运量预测[J]. 中国铁道科学，2010，31（3）：126-131.

[92] 豆飞，贾利民，秦勇，徐杰，王莉. 铁路客运专线模糊 k 近邻客流预测模型[J]. 中南大学学报（自然科学版），2014，45（12）：4422-4430.

[93] 王晚香，刘文俭，李岩. 基于灰色关联和多元回归预测的铁路客运需求分析及预测[J]. 大连交通大学学报，2019，40（1）：22-25.

[94] 杨军，侯忠生. 基于小波分析的最小二乘支持向量机轨道交通客流预测方法[J]. 中国铁道科学，2013，34（3）：122-127.

[95] 史峰，杨星琪，胡心磊，徐光明，武润发. 基于数据替补修正的高速铁路日常客运量 VMD-GA-BP 预测方法[J]. 中国铁道科学，2019, 40(3): 129-136.

[96] Morantz, B. H., Whalen, T., Zhang, G. P.. A weighted window approach to neural network time series forecasting[J]. In G. P. Zhang (Ed), Neural networks in business forecasting. 2004.

[97] Douglas NJ, Henn L, Sloan K. Modelling the ability of fare to spread AM peak passenger loads using rooftops. Australasian Transport Research Forum, 2011, September 28-30, Adelaide, Australia.

[98] Tangjian Wei，Feng Shi，Guangming Xu. Estimation of Time-Varying Passenger Demand for High Speed Rail System[J]. Complexity, 2019: 1-24.

[99] Flurin S. Hänseler，Nicholas A. Molyneaux，Michel Bierlaire. Estimation of Pedestrian Origin-Destination Demand in Train Stations[J]. Transportation Science 2017, 51(3): 981-997.

[100] 北京市统计局.北京市 2016 年统计年鉴[EB/OL]. [2019-01-01]. http://www.bjstats.gov.cn/nj/main/2016-tjnj/zk/indexch.htm.

[101] 上海市统计局.上海市 2016 年统计年鉴[EB/OL]. [2019-01-01]. http://www.stats-sh.gov.cn/html/sjfb/tjnj/.

[102] 天津市统计局. 天津市 2016 年统计年鉴 [EB/OL]. [2019-01-01]. http://stats.tj.gov.cn/Category_29/Index.aspx.

[103] 俞礼军，严海，严宝杰. 最大熵原理在交通流统计分布模型中的应用[J]. 交通运输工程学报，2001，1（3）：91-94.

[104] 俞礼军,徐建闽. 出行时间价值最大熵分布估计模型[J]. 交通运输工程学报，2008，8（1）：83-88.

[105] Teye C., Bell M. G. H., Bliemer M. C. J.. Urban intermodal terminals: The entropy maximising facility location problem[J]. Transportation Research Part B 2017, 100: 64-81.

[106] Wilson, A. G.. Entropy in Urban and Regional Modelling[M]. Pion, London: pion, 1970.

[107] Van Zuylen，H. J.，Willumsen，L. G.. The most likely trip matrix estimated from traffic counts[J]. Transportation Research Part B 1980, 14: 281-293.

[108] Xie, C., Kockelman, K.M., Waller, S.T.. A maximum entropy-least squares estimator for elastic origin-destination trip matrix estimation[J]. Transportation Research Part B 2011, 45: 1465-1482.

[109] Frank, M., Wolfe, P.. An algorithm for quadratic programming[J]. Naval Research Logistics Quarterly 1956, 3 (1-2): 95-110.

附 录

附录1 BJ—CZ各种预测方法结果对比表

日 期	实际客流量	DLP-WNN	BP	ELM	ELMAN	GRNN	VMD-GA-BP
2016年9月3日	3 328	3 144.7	3 136.6	3 449.5	3 192.8	2 930.1	3 353.8
2016年9月4日	2 982	2 943.6	3 019.0	3 309.2	3 173.9	2 885.7	3 061.9
2016年9月5日	2 884	2 873.1	2 907.1	3 009.7	2 949.1	2 812.7	2 963.2
2016年9月6日	2 851	2 931.9	2 856.7	3 026.6	2 764.4	2 766.4	3 013.2
2016年9月7日	2 961	2 720.1	2 806.4	2 994.2	2 967.7	2 748.2	3 128.8
2016年9月8日	2 694	2 559.8	2 804.0	2 793.4	2 916.1	2 759.0	3 742.4
2016年9月9日	3 219	3 032.8	2 999.3	3 063.4	3 092.1	2 887.4	4 940.8
2016年9月10日	2 997	2 955.9	3 094.1	3 172.3	3 115.1	2 888.4	6 028.0
2016年9月11日	2 655	3 138.7	2 877.1	3 006.9	2 999.1	2 835.0	5 302.6
2016年9月12日	2 552	3 065.1	2 644.6	2 838.2	2 966.3	2 767.8	7 053.7
2016年9月13日	3 371	3 028.3	2 674.6	2 846.4	2 807.3	2 783.0	6 115.1
2016年9月14日	3 549	2 787.4	2 944.7	2 992.2	3 002.7	2 812.2	8 014.2
2016年9月15日	3 659	3 053.3	2 939.7	2 760.4	2 940.9	2 854.0	6 331.8
2016年9月16日	2 339	3 584.9	3 044.3	2 761.3	2 889.0	2 827.8	7 667.4
2016年9月17日	2 526	2 840.2	2 442.0	2 681.8	2 497.2	2 709.4	6 047.8
2016年9月18日	2 390	2 382.2	2 536.4	2 714.2	2 614.9	2 733.4	7 693.9
2016年9月19日	2 484	2 582.9	2 495.9	2 850.9	2 583.9	2 572.8	6 202.7
2016年9月20日	2 499	2 771.4	2 835.4	3 174.1	3 160.8	2 961.7	7 902.7
2016年9月21日	2 624	2 822.4	2 753.3	3 277.4	3 114.2	2 918.6	6 199.1
2016年9月22日	2 579	2 590.9	2 879.7	3 392.4	3 224.0	2 887.5	7 702.1
2016年9月23日	3 132	3 033.2	2 485.3	2 873.0	2 759.8	2 594.3	6 340.9
2016年9月24日	3 037	2 873.2	2 766.5	2 674.1	2 623.3	2 511.8	7 931.4
2016年9月25日	2 989	2 974.9	2 729.0	2 468.5	2 506.0	2 498.4	6 022.1
2016年9月26日	2 786	2 917.7	2 681.7	2 392.3	2 495.5	2 513.5	7 494.2

续表

日期	实际客流量	DLP-WNN	BP	ELM	ELMAN	GRNN	VMD-GA-BP
2016年9月27日	2 984	2 884.6	2 669.9	2 385.0	2 407.4	2 618.1	6 255.2
2016年9月28日	2 765	2 768.8	2 791.2	2 477.5	2 594.3	2 717.6	8 010.7
2016年9月29日	1 752	2 376.1	2 719.6	2 521.5	2 659.1	2 776.1	6 273.7
2016年9月30日	1 722	2 400.3	2 044.5	2 779.3	2 923.4	2 864.2	7 726.8
2016年10月1日	1 676	1 775.4	2 323.8	3 037.9	2 920.3	2 861.8	5 996.8
2016年10月2日	1 895	1 911.7	2 188.0	3 290.9	3 011.1	2 796.5	7 556.8
2016年10月3日	3 442	3 452.4	2 319.6	3 199.8	2 976.5	2 615.7	6 445.2
2016年10月4日	3 560	3 668.0	2 928.7	3 028.3	2 812.7	2 424.0	8 301.3
2016年10月5日	3 136	3 466.9	2 378.0	2 455.0	2 655.8	2 179.7	6 317.7
2016年10月6日	2 429	2 567.6	2 281.2	2 262.4	1 999.4	2 137.9	7 528.7
2016年10月7日	2 040	2 239.4	2 238.9	1 918.8	1 876.8	2 138.3	5 959.9
2016年10月8日	2 144	2 561.4	2 333.7	1 757.3	1 979.8	2 221.5	7 833.9
2016年10月9日	2 738	2 742.9	2 105.7	1 924.5	1 987.4	2 424.7	6 498.1
2016年10月10日	2 462	2 801.9	3 050.9	2 647.4	2 753.8	2 862.7	8 079.7
2016年10月11日	2 614	2 710.3	2 683.6	2 938.0	3 070.5	2 929.5	6 454.6
2016年10月12日	2 537	2 737.8	2 701.5	2 844.7	2 921.5	2 745.5	7 847.3
2016年10月13日	2 885	2 806.9	2 423.8	2 574.0	2 564.9	2 505.1	6 245.5
2016年10月14日	3 398	3 148.4	2 594.0	2 374.2	2 393.3	2 353.1	8 019.0
2016年10月15日	3 284	3 031.8	2 840.1	2 295.6	2 289.6	2 417.7	6 547.1
2016年10月16日	3 387	3 100.1	2 819.3	2 336.3	2 515.5	2 562.0	8 072.1
2016年10月17日	3 001	2 868.5	2 826.5	2 301.9	2 392.2	2 560.1	6 492.4
2016年10月18日	2 997	2 767.2	2 797.8	2 356.6	2 429.3	2 666.1	8 101.4
2016年10月19日	2 932	2 635.1	2 799.0	2 404.7	2 589.1	2 728.4	6 368.8
2016年10月20日	2 822	2 618.5	2 846.7	2 641.2	2 738.1	2 686.4	7 868.9
2016年10月21日	3 442	3 179.5	2 959.9	3 007.5	3 109.6	2 835.2	6 557.4
2016年10月22日	3 333	3 119.0	3 165.0	3 127.0	3 080.6	2 864.7	8 242.5
2016年10月23日	3 257	3 131.2	3 021.0	3 140.7	3 081.2	2 882.4	6 393.6
2016年10月24日	2 559	2 797.1	2 903.4	2 901.5	2 921.1	2 756.1	7 708.3

续表

日 期	实际客流量	DLP-WNN	BP	ELM	ELMAN	GRNN	VMD-GA-BP
2016 年 10 月 25 日	2 772	2 758.2	2 663.9	2 883.4	2 723.4	2 735.1	6 491.0
2016 年 10 月 26 日	2 730	2 635.2	2 756.6	2 987.3	2 943.3	2 760.1	7 846.2
2016 年 10 月 27 日	2 654	2 675.2	2 782.2	3 003.9	2 959.4	2 673.5	6 323.1
2016 年 10 月 28 日	3 504	3 244.1	2 959.7	3 222.8	3 209.1	2 968.6	8 171.2
2016 年 10 月 29 日	3 476	3 141.8	3 271.6	3 217.4	3 077.6	2 912.1	6 689.1
2016 年 10 月 30 日	3 114	3 084.0	2 928.8	3 046.5	3 085.3	2 894.2	7 944.8
2016 年 10 月 31 日	2 185	2 748.3	2 756.2	2 633.9	2 697.5	2 489.1	6 325.6
2016 年 11 月 1 日	2 511	2 556.7	2 334.4	2 639.4	2 504.3	2 650.0	8 144.1
2016 年 11 月 2 日	2 358	2 547.4	2 617.9	2 841.2	2 721.1	2 693.7	6 387.6
2016 年 11 月 3 日	2 509	2 685.6	2 450.1	2 900.6	2 843.3	2 698.4	7 901.1
2016 年 11 月 4 日	3 700	3 340.6	2 845.8	3 225.7	3 187.5	3 011.8	6 683.3
2016 年 11 月 5 日	3 515	3 156.9	3 288.2	3 229.7	3 095.0	2 877.4	8 161.7
2016 年 11 月 6 日	2 957	3 052.9	2 751.4	2 834.3	3 037.1	2 685.6	6 211.1
2016 年 11 月 7 日	2 574	2 551.0	2 551.0	2 414.0	2 308.7	2 467.2	7 565.0
2016 年 11 月 8 日	2 688	2 626.5	2 553.3	2 436.1	2 162.1	2 562.5	6 596.6
2016 年 11 月 9 日	2 374	2 601.2	2 752.5	2 480.7	2 396.5	2 658.1	7 860.2
2016 年 11 月 10 日	2 658	2 642.2	2 346.9	2 543.8	2 633.8	2 697.6	6 426.2
2016 年 11 月 11 日	3 387	3 267.4	3 018.4	3 108.8	3 105.4	2 971.5	8 203.7
2016 年 11 月 12 日	2 887	3 098.3	3 252.3	3 257.2	3 153.3	2 923.3	6 432.2
2016 年 11 月 13 日	2 951	3 055.9	2 742.5	2 916.4	3 032.6	2 773.6	7 838.2
2016 年 11 月 14 日	2 776	2 704.2	2 649.8	2 610.8	2 650.3	2 581.0	6 466.2
2016 年 11 月 15 日	2 649	2 696.8	2 721.8	2 618.9	2 585.8	2 663.2	8 263.8
2016 年 11 月 16 日	2 927	2 692.6	2 638.8	2 495.8	2 682.0	2 695.4	6 462.8
2016 年 11 月 17 日	2 634	2 836.5	2 872.0	2 597.2	2 687.3	2 797.5	7 959.0
2016 年 11 月 18 日	3 729	3 446.4	2 891.6	2 917.5	3 042.7	2 893.6	6 534.0
2016 年 11 月 19 日	3 296	3 074.0	3 040.2	2 863.0	2 960.8	2 858.4	7 814.4

续表

日　　期	实际客流量	DLP-WNN	BP	ELM	ELMAN	GRNN	VMD-GA-BP
2016 年 11 月 20 日	3 132	2 958.1	2 850.8	2 670.5	2 837.5	2 787.4	6 337.1
2016 年 11 月 21 日	2 499	2 547.2	2 760.3	2 526.7	2 808.8	2 569.3	7 649.7
2016 年 11 月 22 日	2 500	2 622.0	2 578.2	2 565.7	2 389.2	2 645.7	6 566.0
2016 年 11 月 23 日	2 612	2 712.3	2 661.9	2 850.8	2 878.9	2 722.5	7 862.3
2016 年 11 月 24 日	2 717	2 845.3	2 697.4	2 836.5	2 851.9	2 709.3	6 349.9
2016 年 11 月 25 日	3 595	3 470.0	3 080.8	3 296.5	3 233.7	2 992.5	8 148.8
2016 年 11 月 26 日	3 110	3 003.6	3 255.7	3 205.0	3 102.4	2 917.2	6 521.3
2016 年 11 月 27 日	2 827	2 915.3	2 816.2	2 882.6	2 970.6	2 837.6	8 029.2
2016 年 11 月 28 日	2 600	2 711.6	2 563.0	2 520.1	2 643.2	2 535.7	6 453.0
2016 年 11 月 29 日	1 409	2 783.4	2 625.4	2 532.9	2 424.8	2 619.8	7 955.1
2016 年 11 月 30 日	2 666	2 852.5	1 408.6	2 629.6	2 722.6	2 687.8	6 356.4
2016 年 12 月 1 日	2 757	2 902.8	2 838.8	2 805.4	2 756.2	2 840.3	8 089.4
2016 年 12 月 2 日	3 601	3 520.1	3 010.0	3 107.2	3 162.9	2 985.5	6 685.7
2016 年 12 月 3 日	3 013	2 946.0	3 091.1	2 983.3	3 128.6	2 941.1	7 610.4
2016 年 12 月 4 日	3 101	2 701.7	2 704.4	2 394.8	2 328.3	2 097.4	6 282.6
2016 年 12 月 5 日	2 770	2 623.5	2 643.7	2 208.5	2 433.8	2 277.4	7 712.6
2016 年 12 月 6 日	2 622	2 782.8	2 665.5	1 932.7	1 844.2	2 507.0	6 534.3
2016 年 12 月 7 日	2 660	2 920.5	2 669.6	2 222.1	2 401.2	2 729.2	7 964.9
2016 年 12 月 8 日	2 620	2 947.0	2 782.3	2 496.0	2 554.2	2 759.1	6 447.3
2016 年 12 月 9 日	3 492	3 534.3	2 996.4	3 038.9	3 089.8	2 937.3	8 249.6
2016 年 12 月 10 日	2 972	2 881.4	3 122.6	3 012.0	3 034.8	2 911.2	6 407.7
2016 年 12 月 11 日	2 548	2 844.0	2 853.3	2 839.0	2 976.5	2 848.0	7 801.2
2016 年 12 月 12 日	2 610	2 768.4	2 469.7	2 637.8	2 810.4	2 623.6	6 480.7
2016 年 12 月 13 日	2 544	2 896.3	2 633.7	2 681.5	2 578.6	2 647.7	8 219.9
2016 年 12 月 14 日	2 615	2 986.0	2 655.7	2 759.5	2 840.4	2 688.1	6 364.6
2016 年 12 月 15 日	2 640	2 976.8	2 702.9	2 727.3	2 852.7	2 882.0	7 820.3

续表

日　　期	实际客流量	DLP-WNN	BP	ELM	ELMAN	GRNN	VMD-GA-BP
2016 年 12 月 16 日	3 761	3 535.7	2 958.8	3 023.5	3 054.9	2 936.7	6 724.6
2016 年 12 月 17 日	3 515	2 868.4	3 028.9	2 939.4	2 986.2	2 839.2	7 782.7
2016 年 12 月 18 日	2 897	2 816.6	2 812.5	2 538.4	2 708.6	2 611.6	6 199.6
2016 年 12 月 19 日	3 242	2 838.1	2 612.5	2 398.1	2 542.7	2 534.5	7 757.8
2016 年 12 月 20 日	3 091	2 982.6	2 811.4	2 481.1	2 275.5	2 590.2	6 489.1
2016 年 12 月 21 日	3 241	3 097.9	2 873.1	2 592.0	2 674.1	2 694.7	7 945.6
2016 年 12 月 22 日	3 245	3 043.1	2 877.8	2 557.5	2 885.9	2 793.5	6 483.2
2016 年 12 月 23 日	3 826	3 522.3	3 263.7	2 967.7	2 914.5	2 867.4	8 146.4
2016 年 12 月 24 日	3 016	2 830.1	3 022.0	3 196.1	3 124.2	2 875.2	6 193.7
2016 年 12 月 25 日	2 832	2 786.6	2 808.1	2 917.8	2 654.7	2 684.1	7 701.9
2016 年 12 月 26 日	3 012	2 843.5	2 790.1	2 987.9	2 883.6	2 771.6	6 541.2
2016 年 12 月 27 日	2 978	3 012.1	2 902.4	3 205.0	2 837.5	2 551.0	8 237.2
2016 年 12 月 28 日	2 934	3 076.6	2 896.7	3 314.8	3 241.9	2 697.8	6 341.2
2016 年 12 月 29 日	3 167	3 010.9	3 084.7	3 191.7	3 057.1	2 851.0	7 650.1
2016 年 12 月 30 日	3 876	3 164.8	3 236.4	3 475.2	3 151.8	2 896.6	6 386.2
2016 年 12 月 31 日	4 853	2 843.2	2 969.8	3 190.0	3 050.2	2 819.2	7 966.9

附录 2 BJ—QF 各种预测方法结果对比表

日　　期	实际客流量	DLP-WNN	BP	ELM	ELMAN	GRNN	VMD-GA-BP
2016 年 9 月 3 日	1 705	2 210.3	2 293.2	2 120.2	1 956.6	2 702.1	1 789.1
2016 年 9 月 4 日	1 566	1 424.4	1 852.6	2 096.4	2 040.8	2 218.2	1 581.9
2016 年 9 月 5 日	1 583	1 958.7	2 001.9	2 173.1	2 179.0	2 465.7	1 685.9
2016 年 9 月 6 日	1 491	1 567.2	1 811.8	2 041.6	2 009.2	1 817.0	1 712.7
2016 年 9 月 7 日	1 528	1 939.4	1 722.6	1 923.9	1 890.4	1 918.0	1 847.8
2016 年 9 月 8 日	1 768	1 965.6	1 648.9	1 796.9	1 780.7	1 833.2	2 475.8
2016 年 9 月 9 日	1 734	1 669.9	1 762.7	1 742.1	1 741.5	1 712.8	2 716.3
2016 年 9 月 10 日	1 727	2 262.4	1 790.1	1 740.9	1 733.7	1 691.5	4 755.3
2016 年 9 月 11 日	1 517	1 526.8	1 685.7	1 651.1	1 644.6	1 598.2	7 683.8
2016 年 9 月 12 日	1 647	2 006.6	1 585.6	1 606.4	1 648.8	1 554.7	6 760.1
2016 年 9 月 13 日	2 491	2 007.0	1 599.5	1 571.5	1 623.0	1 530.0	7 258.3
2016 年 9 月 14 日	1 694	1 818.5	1 984.3	1 622.4	1 663.1	1 600.5	6 592.1
2016 年 9 月 15 日	2 008	2 108.2	1 906.5	1 873.2	1 909.1	1 744.5	7 972.1
2016 年 9 月 16 日	994	1 595.6	1 692.2	1 713.1	1 607.3	1 594.6	6 719.4
2016 年 9 月 17 日	1 313	1 396.2	1 371.1	1 743.8	1 738.2	1 654.9	7 319.2
2016 年 9 月 18 日	1 328	1 298.1	1 314.7	1 630.4	1 587.7	1 566.4	6 405.0
2016 年 9 月 19 日	1 334	1 285.6	1 555.9	1 524.8	1 697.9	1 763.9	9 251.2
2016 年 9 月 20 日	1 460	1 317.0	1 476.1	1 630.6	1 794.5	1 505.3	6 842.7
2016 年 9 月 21 日	1 463	1 507.6	1 569.6	1 533.0	1 559.2	1 469.3	7 942.7
2016 年 9 月 22 日	1 484	1 605.1	1 418.7	1 630.0	1 590.5	1 452.7	6 929.8
2016 年 9 月 23 日	1 636	1 585.2	1 345.9	1 382.9	1 413.0	1 402.9	8 056.9
2016 年 9 月 24 日	1 667	1 885.4	1 514.7	1 384.4	1 424.1	1 370.5	6 971.3
2016 年 9 月 25 日	1 681	1 637.9	1 595.7	1 418.3	1 464.1	1 360.1	7 899.5
2016 年 9 月 26 日	1 897	1 764.3	1 589.2	1 430.8	1 478.0	1 393.6	6 876.7

续表

日 期	实际客流量	DLP-WNN	BP	ELM	ELMAN	GRNN	VMD-GA-BP
2016年9月27日	2 217	1 722.8	1 729.7	1 471.0	1 529.0	1 439.1	8 769.9
2016年9月28日	2 325	1 750.8	1 959.5	1 553.0	1 610.4	1 511.7	7 026.0
2016年9月29日	1 479	1 731.0	2 126.9	1 626.5	1 695.9	1 695.6	7 789.5
2016年9月30日	925	1 040.1	1 521.4	1 667.5	1 778.5	1 399.8	6 743.5
2016年10月1日	673	668.7	1 038.4	1 534.4	1 681.4	1 465.2	8 420.0
2016年10月2日	1 369	1 186.8	1 052.3	1 391.8	1 574.4	1 628.4	7 096.7
2016年10月3日	3 069	1 602.7	1 480.2	1 437.6	1 528.1	2 113.8	7 976.3
2016年10月4日	2 310	1 960.9	1 824.0	1 558.8	1 670.8	1 888.0	6 595.0
2016年10月5日	2 066	2 038.9	1 906.6	1 741.4	2 059.8	1 542.9	8 930.9
2016年10月6日	1 457	1 355.2	1 948.4	1 236.1	1 618.1	935.5	7 173.8
2016年10月7日	1 288	901.0	1 443.6	990.0	1 494.1	7 09.0	7 814.3
2016年10月8日	1 003	1 081.6	1 079.2	992.6	1 364.5	1 237.7	6 600.2
2016年10月9日	1 061	1 246.7	1 694.9	1 458.7	1 577.4	1 481.2	9 273.1
2016年10月10日	1 237	1 317.2	1 362.2	1 540.2	1 756.3	972.4	6 926.2
2016年10月11日	1 406	1 522.9	1 408.6	1 594.2	1 768.3	1 197.7	7 969.9
2016年10月12日	1 710	1 599.6	1 424.9	1 619.3	1 676.0	1 303.2	7 073.9
2016年10月13日	1 788	1 552.8	1 499.5	1 486.9	1 469.6	1 258.9	8 038.2
2016年10月14日	1 799	1 463.3	1 540.3	1 358.1	1 398.1	1 269.5	6 922.8
2016年10月15日	1 992	1 730.5	1 578.2	1 216.3	1 337.4	1 325.1	7 993.2
2016年10月16日	1 995	1 335.2	1 722.2	1 215.7	1 367.5	1 459.6	6 903.8
2016年10月17日	1 585	1 510.8	1 859.2	1 362.6	1 498.2	1 511.9	8 508.3
2016年10月18日	1 637	1 592.8	1 522.7	1 481.8	1 592.5	1 651.4	6 976.9
2016年10月19日	1 702	1 619.5	1 576.3	1 558.8	1 652.5	1 635.3	7 823.0
2016年10月20日	1 564	1 573.4	1 826.8	1 717.7	1 726.6	1 700.6	6 482.4
2016年10月21日	1 544	1 494.7	1 759.8	1 819.1	1 790.8	1 699.0	9 183.2
2016年10月22日	1 823	1 865.0	1 698.7	1 806.6	1 779.6	1 797.5	7 029.8

续表

日期	实际客流量	DLP-WNN	BP	ELM	ELMAN	GRNN	VMD-GA-BP
2016年10月23日	1 821	1 312.6	1 781.6	1 821.1	1 787.8	1 834.4	7 820.2
2016年10月24日	1 632	1 570.7	1 843.0	1 770.4	1 755.0	1 790.4	6 601.0
2016年10月25日	1 580	1 616.4	1 674.4	1 721.0	1 690.7	1 801.3	8 895.7
2016年10月26日	1 785	1 669.5	1 603.6	1 648.9	1 678.0	1 698.1	7 056.3
2016年10月27日	1 678	1 591.0	1 730.1	1 638.0	1 674.5	1 642.5	7 835.5
2016年10月28日	1 759	1 496.3	1 747.3	1 701.7	1 709.7	1 778.1	6 763.6
2016年10月29日	1 987	1 895.5	1 791.0	1 743.9	1 719.7	1 868.2	8 823.1
2016年10月30日	1 597	1 378.0	1 883.0	1 762.2	1 759.4	1 832.1	7 040.2
2016年10月31日	1 266	1 609.8	1 772.5	1 790.1	1 794.7	1 894.5	7 728.9
2016年11月1日	1 348	1 556.7	1 327.4	1 661.1	1 667.6	1 766.6	6 868.4
2016年11月2日	1 425	1 647.5	1 461.5	1 592.2	1 670.1	1 658.7	8 717.9
2016年11月3日	1 969	1 566.1	1 615.7	1 648.5	1 656.7	1 549.3	7 054.6
2016年11月4日	2 299	1 496.2	1 871.1	1 679.5	1 663.6	1 563.3	7 848.5
2016年11月5日	1 733	1 799.1	1 877.1	1 770.7	1 744.8	1 621.3	6 508.5
2016年11月6日	1 652	1 589.8	1 801.7	1 673.7	1 734.4	1 711.7	9 102.8
2016年11月7日	1 459	1 580.7	1 374.7	1 324.2	1 507.3	1 285.6	7 132.1
2016年11月8日	1 436	1 490.3	1 473.7	1 422.4	1 551.7	1 466.7	7 703.7
2016年11月9日	1 659	1 568.1	1 518.7	1 586.3	1 603.6	1 660.2	6 463.2
2016年11月10日	1 676	1 560.8	1 772.2	1 704.0	1 734.3	1 745.7	9 345.0
2016年11月11日	1 921	1 512.3	1 830.5	1 867.6	1 853.9	1 850.0	6 999.3
2016年11月12日	1 532	1 773.6	1 809.3	1 761.6	1 722.6	1 720.7	7 960.9
2016年11月13日	1 460	1 558.8	1 673.7	1 712.5	1 715.2	1 610.5	6 872.0
2016年11月14日	1 435	1 546.7	1 435.4	1 573.8	1 603.0	1 488.7	8 100.1
2016年11月15日	1 561	1 478.0	1 454.8	1 501.7	1 610.2	1 502.7	7 014.8
2016年11月16日	1 589	1 539.0	1 680.4	1 611.7	1 644.4	1 567.2	7 812.2
2016年11月17日	1 639	1 555.8	1 665.8	1 652.3	1 656.2	1 630.3	6 726.3

续表

日　　期	实际客流量	DLP-WNN	BP	ELM	ELMAN	GRNN	VMD-GA-BP
2016 年 11 月 18 日	1 806	1 516.0	1 703.2	1 704.1	1 692.7	1 660.7	8 754.5
2016 年 11 月 19 日	1 741	1 754.5	1 694.5	1 604.5	1 626.7	1 540.9	7 020.9
2016 年 11 月 20 日	1 675	1 417.8	1 720.0	1 582.2	1 624.3	1 503.9	7 572.0
2016 年 11 月 21 日	1 361	1 505.9	1 614.8	1 545.6	1 593.3	1 499.8	6 402.8
2016 年 11 月 22 日	1 375	1 488.4	1 477.8	1 567.7	1 631.0	1 560.1	9 434.1
2016 年 11 月 23 日	1 455	1 536.8	1 463.1	1 571.4	1 623.5	1 540.8	7 045.6
2016 年 11 月 24 日	1 442	1 544.4	1 582.8	1 604.8	1 653.1	1 532.5	7 869.7
2016 年 11 月 25 日	1 963	1 508.1	1 612.7	1 667.0	1 684.2	1 604.3	6 961.2
2016 年 11 月 26 日	1 505	1 742.1	1 754.6	1 631.7	1 631.1	1 615.0	8 181.5
2016 年 11 月 27 日	1 503	1 268.7	1 679.8	1 674.7	1 680.2	1 574.9	6 959.1
2016 年 11 月 28 日	1 414	1 472.0	1 391.5	1 509.1	1 492.1	1 456.4	8 095.8
2016 年 11 月 29 日	966	1 495.0	1 397.5	1 416.6	1 531.2	1 503.9	6 933.2
2016 年 11 月 30 日	1 581	1 542.5	1 258.9	1 500.9	1 543.8	1 491.3	7 821.1
2016 年 12 月 1 日	1 625	1 575.5	1 603.5	1 454.5	1 510.1	1 450.8	6 885.2
2016 年 12 月 2 日	1 829	1 572.1	1 664.0	1 661.0	1 610.9	1 553.2	8 731.1
2016 年 12 月 3 日	1 441	1 482.9	1 683.1	1 570.8	1 511.4	1 500.0	6 901.3
2016 年 12 月 4 日	1 586	1 323.3	1 446.3	1 425.6	1 478.1	1 478.7	7 619.5
2016 年 12 月 5 日	1 682	1 446.2	1 463.4	1 412.9	1 443.4	1 381.5	6 614.2
2016 年 12 月 6 日	1 404	1 473.5	1 462.6	1 344.3	1 455.5	1 460.2	9 411.9
2016 年 12 月 7 日	1 335	1 533.4	1 596.1	1 541.6	1 584.1	1 733.1	6 783.5
2016 年 12 月 8 日	1 422	1 568.2	1 420.4	1 535.7	1 564.2	1 576.3	7 901.2
2016 年 12 月 9 日	1 749	1 629.6	1 552.4	1 606.2	1 609.3	1 570.3	7 038.9

续表

日　　期	实际客流量	DLP-WNN	BP	ELM	ELMAN	GRNN	VMD-GA-BP
2016 年 12 月 10 日	1 354	1 467.5	1 678.8	1 572.2	1 585.2	1 467.8	8 079.3
2016 年 12 月 11 日	1 396	1 385.9	1 493.3	1 602.6	1 598.9	1 601.2	6 821.1
2016 年 12 月 12 日	1 351	1 454.2	1 422.8	1 559.1	1 528.4	1 501.1	8 005.8
2016 年 12 月 13 日	1 527	1 488.5	1 398.0	1 478.6	1 524.0	1 403.1	6 965.3
2016 年 12 月 14 日	1 288	1 541.1	1 525.0	1 473.8	1 501.0	1 371.6	8 045.4
2016 年 12 月 15 日	1 622	1 568.3	1 383.4	1 496.1	1 511.6	1 436.1	6 979.4
2016 年 12 月 16 日	1 928	1 661.1	1 536.2	1 535.7	1 524.3	1 459.5	7 944.6
2016 年 12 月 17 日	1 522	1 563.9	1 707.2	1 496.5	1 525.4	1 398.7	6 537.3
2016 年 12 月 18 日	1 554	1 437.7	1 595.2	1 495.5	1 553.7	1 441.9	9 120.8
2016 年 12 月 19 日	1 485	1 458.4	1 370.9	1 371.2	1 437.7	1 441.0	7 124.1
2016 年 12 月 20 日	1 539	1 500.2	1 548.2	1 497.7	1 521.1	1 476.3	7 706.8
2016 年 12 月 21 日	1 383	1 556.7	1 549.5	1 522.2	1 534.6	1 487.7	6 401.0
2016 年 12 月 22 日	1 478	1 579.9	1 501.2	1 590.3	1 600.8	1 613.6	9 325.5
2016 年 12 月 23 日	1 791	1 662.9	1 599.9	1 656.0	1 650.3	1 634.3	7 025.0
2016 年 12 月 24 日	1 348	1 648.4	1 680.3	1 585.6	1 614.3	1 533.1	7 772.1
2016 年 12 月 25 日	1 424	1 421.2	1 537.1	1 610.5	1 633.2	1 585.3	6 749.0
2016 年 12 月 26 日	1 398	1 453.2	1 380.7	1 507.9	1 502.6	1 464.3	8 248.5
2016 年 12 月 27 日	1 498	1 501.5	1 479.9	1 518.8	1 545.6	1 432.6	6 988.6
2016 年 12 月 28 日	1 465	1 567.2	1 541.7	1 514.7	1 532.2	1 395.5	7 778.4
2016 年 12 月 29 日	1 816	1 591.4	1 507.9	1 517.1	1 530.0	1 491.1	6 812.6
2016 年 12 月 30 日	1 969	1 652.8	1 634.8	1 576.1	1 576.3	1 525.6	8 795.2
2016 年 12 月 31 日	2 313	1 557.8	1 785.1	1 521.0	1 559.0	1 433.7	7 027.4

附录3 BJ—NJ各种预测方法结果对比表

日 期	实际客流量	DLP-WNN	BP	ELM	ELMAN	GRNN	VMD-GA-BP
2016年9月3日	4 208	4 690.4	7 672.6	7 442.7	7 377.6	7 034.7	4 508.8
2016年9月4日	5 305	5 296.4	4 925.4	8 020.2	7 516.3	8 278.6	5 522.1
2016年9月5日	6 265	5 227.4	5 500.8	6 861.8	5 859.2	4 984.5	6 486.0
2016年9月6日	6 315	5 513.1	6 069.1	6 724.4	5 943.4	5 529.2	6 431.9
2016年9月7日	6 486	6 130.5	6 914.2	6 561.1	6 671.4	6 156.2	8 530.3
2016年9月8日	6 428	6 316.3	5 991.1	6 169.9	6 029.2	6 279.0	8 975.2
2016年9月9日	7 898	7 974.6	7 182.8	6 628.5	6 412.9	7 375.8	17 273.0
2016年9月10日	4 887	5 428.6	5 400.0	5 174.2	5 609.4	5 871.0	9 906.4
2016年9月11日	5 407	5 823.4	4 855.7	5 541.4	6 150.6	5 951.0	15 899.7
2016年9月12日	5 262	5 688.5	5 282.5	5 624.7	5 462.9	5 645.9	8 613.2
2016年9月13日	6 382	7 382.8	5 945.0	6 116.9	5 720.4	5 743.1	17 374.9
2016年9月14日	9 454	8 440.9	7 019.0	6 500.2	6 305.3	6 090.9	11 867.8
2016年9月15日	3 834	4 008.6	6 312.9	6 350.0	6 354.0	6 368.7	16 704.5
2016年9月16日	2 308	2 373.5	4 461.2	7 223.5	3 857.1	6 123.3	6 877.4
2016年9月17日	4 857	1 867.2	3 665.2	4 312.3	3 966.1	4 809.7	17 343.5
2016年9月18日	4 657	4 603.0	4 552.6	4 985.0	4 059.8	4 117.0	9 153.6
2016年9月19日	4 796	5 332.3	5 070.6	5 438.4	5 495.9	4 533.4	17 042.0
2016年9月20日	5 643	5 529.0	4 753.1	5 630.4	5 110.3	5 031.9	9 936.3
2016年9月21日	6 345	6 196.0	7 097.0	6 778.1	6 142.9	5 450.3	17 978.6
2016年9月22日	6 674	6 620.0	4 316.0	4 663.8	4 788.4	6 458.2	10 950.1
2016年9月23日	7 988	8 391.4	4 906.7	3 886.3	4 230.6	6 070.7	18 703.9
2016年9月24日	5 947	5 920.7	5 335.3	4 571.9	4 791.8	5 244.9	8 883.6
2016年9月25日	5 776	6 037.9	5 047.6	4 857.9	4 989.0	5 472.9	15 653.1
2016年9月26日	5 616	6 011.2	5 240.6	4 707.6	4 936.7	5 453.1	8 729.4

续表

日　　期	实际客流量	DLP-WNN	BP	ELM	ELMAN	GRNN	VMD-GA-BP
2016 年 9 月 27 日	6 357	6 466.6	5 726.4	5 277.3	5 201.9	5 834.3	16 674.9
2016 年 9 月 28 日	8 115	6 890.2	6 858.8	5 931.6	5 988.1	6 435.2	10 618.0
2016 年 9 月 29 日	13 458	8 301.3	6 659.8	6 155.3	6 421.3	6 937.6	21 461.4
2016 年 9 月 30 日	7 679	7 537.7	13 954.6	7 227.7	6 432.8	8 141.9	9 999.5
2016 年 10 月 1 日	8 020	9 235.3	3 157.2	5 589.1	1 276.8	2 924.0	16 068.7
2016 年 10 月 2 日	10 878	9 763.6	6 286.1	4 379.0	3 577.0	6 384.0	11 286.2
2016 年 10 月 3 日	6 543	6 408.8	9 438.0	5 683.7	5 066.5	5 863.0	15 706.6
2016 年 10 月 4 日	3 681	3 042.9	6 415.4	7 482.0	5 559.5	5 733.0	6 716.5
2016 年 10 月 5 日	5 262	4 249.3	4 621.5	5 532.1	5 517.0	5 982.0	16 992.2
2016 年 10 月 6 日	7 126	5 556.8	6 122.8	7 664.3	6 506.4	7 172.0	12 320.2
2016 年 10 月 7 日	7 409	4 828.8	7 484.7	8 115.6	6 631.0	6 095.6	19 868.9
2016 年 10 月 8 日	3 922	4 418.7	6 964.6	7 365.4	7 502.1	5 718.0	9 799.9
2016 年 10 月 9 日	4 208	4 566.5	6 280.2	8 943.5	6 679.7	5 536.0	16 238.9
2016 年 10 月 10 日	4 771	4 746.4	4 575.1	6 676.1	5 683.3	4 956.5	9 158.6
2016 年 10 月 11 日	5 303	5 035.1	4 552.9	5 463.1	4 771.7	4 987.6	16 661.7
2016 年 10 月 12 日	5 812	5 632.0	5 967.9	5 753.1	5 322.1	5 647.2	9 817.1
2016 年 10 月 13 日	6 318	6 020.0	6 395.5	5 998.1	5 958.7	4 643.8	17 707.0
2016 年 10 月 14 日	7 976	7 605.9	7 269.8	6 545.2	6 466.2	6 450.9	11 683.1
2016 年 10 月 15 日	5 756	5 553.0	4 898.6	4 893.1	5 197.9	5 928.5	16 711.5
2016 年 10 月 16 日	6 305	5 903.9	4 817.2	4 696.6	4 974.1	5 549.7	9 716.3
2016 年 10 月 17 日	6 318	5 677.4	5 399.2	4 639.3	4 871.0	5 324.4	16 135.7
2016 年 10 月 18 日	6 000	5 879.5	5 713.8	5 239.6	5 270.4	5 854.0	9 450.7
2016 年 10 月 19 日	7 061	6 183.0	6 463.5	5 743.4	6 158.9	6 510.2	16 119.1
2016 年 10 月 20 日	6 993	6 260.5	6 271.3	5 835.6	5 844.5	6 582.0	11 765.8
2016 年 10 月 21 日	8 916	7 856.5	8 446.7	7 024.5	6 635.7	7 920.6	17 530.3
2016 年 10 月 22 日	5 320	5 363.3	6 240.2	6 296.8	6 631.9	6 192.9	10 151.5

续表

日 期	实际客流量	DLP-WNN	BP	ELM	ELMAN	GRNN	VMD-GA-BP
2016年10月23日	5 934	5 705.5	4 895.5	6 440.5	6 397.3	6 863.8	14 922.0
2016年10月24日	5 870	5 462.3	5 455.0	5 703.0	5 696.6	6 247.0	10 207.6
2016年10月25日	5 999	5 819.7	6 086.9	6 097.4	5 642.3	6 057.3	15 725.5
2016年10月26日	6 455	6 222.8	6 471.0	6 754.7	6 434.4	6 648.4	10 207.7
2016年10月27日	6 665	6 207.8	6 454.5	6 480.3	6 116.7	7 338.7	17 337.2
2016年10月28日	7 856	7 815.2	8 639.8	7 801.9	6 673.1	10 229.0	12 003.3
2016年10月29日	4 976	5 157.9	5 770.7	6 322.9	6 304.3	6 552.9	16 188.1
2016年10月30日	5 228	5 515.1	5 124.9	6 175.6	6 548.4	6 394.9	9 365.4
2016年10月31日	4 672	5 348.7	5 038.8	5 651.0	5 529.7	5 861.5	15 490.0
2016年11月1日	5 005	5 555.3	5 218.9	6 009.1	5 571.8	5 648.7	9 743.1
2016年11月2日	5 428	5 964.2	5 360.3	6 362.5	5 875.2	5 875.7	15 789.5
2016年11月3日	5 939	5 941.5	5 805.7	6 268.9	5 752.6	5 946.1	11 543.4
2016年11月4日	7 808	7 620.0	7 093.2	7 013.1	6 888.8	7 350.3	17 866.9
2016年11月5日	5 836	4 667.1	5 275.7	5 961.6	5 874.0	4 665.6	10 524.6
2016年11月6日	5 032	5 179.0	5 491.7	5 493.9	5 603.1	5 034.5	14 813.3
2016年11月7日	4 837	5 031.9	4 795.1	4 789.1	5 105.8	5 015.9	9 278.5
2016年11月8日	5 480	5 265.0	4 909.1	5 022.2	4 853.5	5 237.4	15 422.1
2016年11月9日	5 791	5 809.6	6 115.4	5 471.1	5 375.2	6 137.6	9 944.1
2016年11月10日	6 287	5 826.9	6 273.9	5 594.2	5 626.6	6 723.1	17 094.3
2016年11月11日	7 346	7 538.3	7 351.0	6 561.1	6 805.1	8 130.7	11 671.9
2016年11月12日	4 691	4 622.4	5 806.2	6 125.5	6 429.3	5 451.7	15 730.7
2016年11月13日	4 678	5 195.5	4 978.9	5 467.3	6 080.1	5 513.3	9 000.1
2016年11月14日	4 827	5 031.1	4 430.2	4 927.1	4 944.0	5 284.6	15 197.5
2016年11月15日	5 495	5 235.1	5 369.7	5 328.4	5 080.4	5 538.1	9 774.1
2016年11月16日	5 367	5 784.5	6 261.7	5 803.4	5 683.5	6 087.2	15 346.4
2016年11月17日	5 534	5 805.1	5 888.0	5 903.9	5 855.3	6 131.8	10 747.2

续表

日　期	实际客流量	DLP-WNN	BP	ELM	ELMAN	GRNN	VMD-GA-BP
2016 年 11 月 18 日	7 088	7 507.5	6 643.1	6 548.9	6 629.7	7 287.0	17 145.1
2016 年 11 月 19 日	4 993	4 599.5	5 006.9	5 548.2	5 525.9	4 717.8	10 046.7
2016 年 11 月 20 日	5 317	5 179.2	5 466.7	5 225.6	5 622.3	5 052.1	14 885.3
2016 年 11 月 21 日	4 738	5 013.3	5 049.9	5 012.9	4 959.6	5 038.2	9 171.7
2016 年 11 月 22 日	4 786	5 209.2	5 380.8	5 370.2	5 236.7	5 378.2	14 954.9
2016 年 11 月 23 日	5 432	5 759.8	5 485.4	5 656.0	5 477.9	6 020.0	9 632.3
2016 年 11 月 24 日	5 901	5 777.6	5 821.5	5 620.0	5 131.0	6 357.0	16 741.4
2016 年 11 月 25 日	7 212	7 472.4	6 954.6	6 360.3	6 426.7	7 247.0	11 344.1
2016 年 11 月 26 日	4 151	4 560.4	5 393.0	5 772.3	5 759.8	4 671.0	15 227.8
2016 年 11 月 27 日	4 500	5 148.3	4 719.5	5 491.3	5 717.3	5 093.4	8 723.0
2016 年 11 月 28 日	4 416	4 988.4	4 289.9	4 847.5	4 751.8	4 712.8	14 952.8
2016 年 11 月 29 日	3 728	5 175.9	4 860.0	5 036.2	4 801.3	4 915.1	9 041.5
2016 年 11 月 30 日	5 457	5 733.0	4 292.1	5 575.4	5 347.9	5 634.5	15 254.2
2016 年 12 月 1 日	5 521	5 663.1	5 739.4	5 681.6	4 833.8	5 227.5	10 984.8
2016 年 12 月 2 日	6 753	7 373.6	6 713.1	6 315.9	6 169.1	6 345.9	16 820.6
2016 年 12 月 3 日	3 999	4 255.1	4 969.5	5 368.9	5 146.0	4 275.6	9 445.6
2016 年 12 月 4 日	4 451	4 815.3	4 275.2	4 798.4	4 676.6	4 617.6	14 240.4
2016 年 12 月 5 日	4 515	4 700.7	4 298.3	4 478.6	4 567.1	4 321.1	9 192.8
2016 年 12 月 6 日	4 860	4 846.5	4 461.5	4 452.8	4 472.7	4 621.0	14 940.6
2016 年 12 月 7 日	5 305	5 470.0	5 622.3	5 227.0	5 347.0	5 367.9	9 391.1
2016 年 12 月 8 日	5 370	5 504.9	5 811.9	5 332.9	5 126.5	5 653.4	16 497.3
2016 年 12 月 9 日	7 169	7 270.8	6 494.0	5 965.0	6 063.7	7 224.2	11 128.2
2016 年 12 月 10 日	4 032	4 116.8	4 716.7	5 020.8	4 967.0	4 424.9	15 136.7
2016 年 12 月 11 日	4 457	4 771.9	4 569.6	4 842.3	4 977.1	4 805.7	8 444.1
2016 年 12 月 12 日	4 606	4 670.7	4 205.3	4 665.8	4 543.6	4 547.4	14 913.2
2016 年 12 月 13 日	4 754	4 831.0	4 959.5	4 886.6	4 696.6	4 752.8	9 136.6

续表

日　　期	实际客流量	DLP-WNN	BP	ELM	ELMAN	GRNN	VMD-GA-BP
2016 年 12 月 14 日	5 272	5 456.3	5 542.8	5 478.6	5 439.4	5 510.4	14 763.1
2016 年 12 月 15 日	5 747	5 489.6	5 650.7	5 459.5	4 981.1	5 646.0	10 578.6
2016 年 12 月 16 日	7 751	7 244.0	6 820.5	6 193.6	6 148.1	7 196.7	17 112.4
2016 年 12 月 17 日	5 155	4 078.3	4 793.8	5 123.1	5 111.9	4 509.7	9 531.7
2016 年 12 月 18 日	4 399	4 741.4	4 867.4	4 844.6	4 875.7	4 992.1	13 950.6
2016 年 12 月 19 日	4 343	4 649.9	4 211.6	4 560.6	4 702.5	4 871.0	8 813.9
2016 年 12 月 20 日	5 342	4 807.9	4 444.1	4 800.0	4 567.4	4 996.0	15 103.3
2016 年 12 月 21 日	5 194	5 437.6	5 980.2	5 332.8	5 167.3	5 875.7	9 295.0
2016 年 12 月 22 日	5 304	5 464.5	5 677.1	5 407.8	5 448.9	6 389.5	16 147.4
2016 年 12 月 23 日	6 733	7 202.5	6 155.4	6 403.5	6 590.0	7 544.3	11 205.8
2016 年 12 月 24 日	3 776	4 020.7	5 043.5	5 638.5	5 626.6	4 613.7	15 085.0
2016 年 12 月 25 日	3 759	4 700.8	4 588.9	5 079.1	5 416.1	4 725.9	8 623.4
2016 年 12 月 26 日	4 076	4 626.7	3 551.1	4 816.8	4 517.9	4 426.1	14 834.9
2016 年 12 月 27 日	4 547	4 781.1	4 528.6	5 091.0	4 740.7	4 575.2	8 962.4
2016 年 12 月 28 日	5 031	5 416.0	5 197.6	5 570.5	5 257.8	4 987.6	14 798.7
2016 年 12 月 29 日	5 607	5 433.1	5 598.6	5 643.7	4 988.3	5 165.8	10 119.2
2016 年 12 月 30 日	8 568	8 320.0	6 465.4	5 970.0	5 841.2	6 390.9	17 133.4
2016 年 12 月 31 日	5 508	4 702.6	4 355.3	4 745.0	4 731.7	4 826.2	9 303.7

附录 4 BJ—SH 各种预测方法结果对比表

日　期	实际客流量	DLP-WNN	BP	ELM	ELMAN	GRNN	VMD-GA-BP
2016 年 9 月 3 日	6 808	7 103.4	9 617.5	9 425.6	9 999.9	8 826.7	7 474.8
2016 年 9 月 4 日	10 186	10 248.4	9 357.8	10 758.3	10 713.8	11 176.8	10 780.2
2016 年 9 月 5 日	11 210	9 951.8	9 162.9	9 597.0	9 932.6	9 950.4	12 001.2
2016 年 9 月 6 日	13 297	10 247.6	10 899.3	10 186.3	9 888.2	9 487.6	14 761.6
2016 年 9 月 7 日	14 190	10 831.1	11 664.3	10 237.1	10 221.1	10 519.3	17 749.3
2016 年 9 月 8 日	12 221	10 782.9	10 348.0	9 300.2	10 759.8	10 090.4	21 989.7
2016 年 9 月 9 日	13 332	12 377.6	12 347.3	10 271.5	11 593.8	10 583.1	31 322.5
2016 年 9 月 10 日	8 016	8 369.5	10 278.5	9 720.5	10 640.4	9 591.7	34 325.5
2016 年 9 月 11 日	10 241	11 230.8	11 362.9	11 124.9	10 981.6	11 208.9	19 687.9
2016 年 9 月 12 日	7 972	10 020.6	10 411.1	10 385.1	10 613.9	9 211.3	35 280.9
2016 年 9 月 13 日	7 622	9 695.0	10 498.5	11 360.0	11 002.1	8 695.8	16 782.4
2016 年 9 月 14 日	14 746	13 293.4	11 009.9	11 174.3	11 150.9	11 327.3	37 424.0
2016 年 9 月 15 日	6 883	7 156.5	12 880.8	10 387.0	10 739.4	6 764.8	17 671.0
2016 年 9 月 16 日	4 114	3 774.3	593.7	11 798.2	11 601.9	4 522.7	33 474.7
2016 年 9 月 17 日	10 455	9 376.9	7 470.7	9 341.7	10 559.5	7 829.9	22 256.8
2016 年 9 月 18 日	11 585	10 472.9	8 869.1	8 812.3	9 110.5	8 252.7	40 492.2
2016 年 9 月 19 日	8 954	10 294.5	11 173.5	10 438.8	7 769.2	7 518.5	16 551.5
2016 年 9 月 20 日	9 079	10 797.5	7 436.1	8 164.6	9 064.3	7 360.9	36 834.1
2016 年 9 月 21 日	10 823	10 677.1	10 284.6	8 628.4	11 531.7	8 626.2	19 659.2
2016 年 9 月 22 日	10 912	10 516.1	9 535.9	8 023.0	9 409.6	7 562.6	38 431.3
2016 年 9 月 23 日	12 888	12 362.1	8 881.2	7 254.7	7 979.8	10 899.3	19 415.0
2016 年 9 月 24 日	8 831	8 462.7	10 730.6	8 603.4	9 755.0	10 136.1	35 384.7
2016 年 9 月 25 日	11 719	10 775.5	10 567.3	10 069.7	11 112.9	12 399.5	16 717.3
2016 年 9 月 26 日	9 734	10 093.4	9 986.2	9 659.4	10 479.8	10 367.0	33 275.8

续表

日 期	实际客流量	DLP-WNN	BP	ELM	ELMAN	GRNN	VMD-GA-BP
2016年9月27日	9 119	10 003.4	10 586.9	9 741.3	10 044.5	9 910.3	14 471.1
2016年9月28日	10 207	10 552.2	10 789.0	10 459.4	10 438.5	10 806.8	33 152.8
2016年9月29日	12 331	12 685.8	9 916.5	9 710.4	10 483.2	9 362.9	16 749.5
2016年9月30日	29 226	25 672.8	13 334.8	11 152.7	10 995.2	11 834.9	43 691.4
2016年10月1日	32 844	22 688.6	24 670.1	10 243.3	10 613.5	9 781.0	28 216.7
2016年10月2日	16 132	17 819.0	25 833.9	10 988.6	12 855.7	3 511.8	36 859.0
2016年10月3日	7 813	4 788.1	10 406.7	11 999.4	13 848.0	7 144.8	14 143.1
2016年10月4日	6 288	5 551.3	8 854.9	8 182.6	12 078.3	7 459.0	31 931.1
2016年10月5日	9 820	10 033.8	9 214.5	9 076.6	10 052.7	11 066.0	13 968.5
2016年10月6日	16 586	14 448.0	17 388.8	15 141.1	11 725.7	16 327.0	38 561.0
2016年10月7日	16 801	16 313.6	17 847.6	16 780.9	18 293.9	17 888.0	18 628.8
2016年10月8日	7 551	9 125.5	859.0	10 088.1	12 020.0	5 864.0	32 410.7
2016年10月9日	8 427	8 254.8	7 215.4	9 365.2	13 459.5	5 591.0	16 116.1
2016年10月10日	8 726	7 985.1	7 662.4	8 306.2	11 196.5	5 700.0	39 611.2
2016年10月11日	8 438	8 730.5	7 812.1	8 043.6	8 473.3	5 223.9	18 236.0
2016年10月12日	9 866	10 177.9	10 201.0	9 394.0	8 743.8	7 064.0	35 832.6
2016年10月13日	10 308	11 111.0	9 653.2	9 117.2	11 146.1	7 591.9	18 742.3
2016年10月14日	12 673	13 125.6	11 224.5	10 512.6	12 221.1	10 209.4	37 927.1
2016年10月15日	9 128	7 603.1	10 168.3	9 448.1	10 475.9	8 781.2	19 648.5
2016年10月16日	12 241	10 085.4	9 895.3	9 236.7	10 420.7	9 974.3	38 461.0
2016年10月17日	10 967	9 681.0	10 035.4	9 190.0	10 240.7	9 932.2	19 267.8
2016年10月18日	11 490	9 725.4	10 926.0	9 221.8	9 889.2	10 498.4	35 693.5
2016年10月19日	12 488	10 793.8	11 321.0	10 421.3	10 380.2	11 167.5	17 588.0
2016年10月20日	12 146	11 435.0	10 707.1	9 891.0	10 779.4	10 432.2	36 479.0
2016年10月21日	14 277	13 247.8	13 264.8	11 426.4	11 616.2	13 124.0	17 530.1
2016年10月22日	9 711	7 736.6	11 086.1	10 613.5	11 043.4	9 947.0	36 456.9

续表

日期	实际客流量	DLP-WNN	BP	ELM	ELMAN	GRNN	VMD-GA-BP
2016年10月23日	12 498	9 931.9	11 908.5	11 583.7	11 906.7	12 814.6	18 468.7
2016年10月24日	10 864	9 426.4	11 112.4	10 819.2	11 290.3	10 635.3	38 510.7
2016年10月25日	11 845	9 308.0	12 264.2	11 442.7	11 248.3	11 257.5	17 835.5
2016年10月26日	13 223	10 667.9	12 655.4	11 667.0	11 350.6	12 452.7	38 037.4
2016年10月27日	12 100	11 458.5	11 563.9	11 007.3	11 562.6	11 301.6	19 141.3
2016年10月28日	15 307	12 996.4	13 615.9	12 057.0	12 311.6	13 953.5	40 098.9
2016年10月29日	8 653	7 630.6	11 321.2	10 976.8	11 439.4	9 619.8	18 381.3
2016年10月30日	10 076	9 531.7	11 558.5	12 017.9	12 180.1	12 702.5	38 011.8
2016年10月31日	9 000	9 173.1	10 151.7	10 681.7	11 179.1	10 929.2	17 189.4
2016年11月1日	8 212	9 054.4	11 111.0	11 039.8	10 854.4	10 472.1	37 293.3
2016年11月2日	9 356	9 636.1	11 428.0	11 912.1	10 865.4	11 040.3	16 325.6
2016年11月3日	9 365	9 358.9	9 320.3	10 372.7	10 718.1	8 361.5	38 610.3
2016年11月4日	12 197	10 508.0	11 201.6	11 340.7	11 600.0	10 812.8	18 583.6
2016年11月5日	10 121	6 036.3	10 162.2	10 145.3	10 312.9	8 818.6	39 819.5
2016年11月6日	10 618	8 850.2	10 088.8	10 064.9	10 646.5	10 842.3	19 261.1
2016年11月7日	8 529	8 408.3	10 177.5	9 651.6	10 535.9	9 941.8	39 287.9
2016年11月8日	8 389	8 884.3	9 590.1	9 072.7	9 944.0	9 641.7	17 472.4
2016年11月9日	9 960	9 604.8	9 622.6	9 709.5	9 669.3	10 091.4	38 523.3
2016年11月10日	10 722	9 438.5	9 607.1	9 128.0	9 333.3	8 887.4	19 167.7
2016年11月11日	11 740	10 813.7	11 491.4	10 436.6	10 241.6	11 043.3	39 435.4
2016年11月12日	6 567	6 167.9	10 411.9	9 967.5	10 511.2	9 471.0	17 103.1
2016年11月13日	8 521	8 730.3	9 463.0	10 026.7	11 016.6	11 040.4	37 880.9
2016年11月14日	7 572	8 676.8	8 207.5	9 133.0	9 912.5	9 117.5	17 258.6
2016年11月15日	7 647	8 595.4	8 380.5	8 961.0	8 693.2	9 065.4	37 531.9
2016年11月16日	9 089	9 422.1	9 243.8	9 554.9	8 890.0	8 990.2	16 931.0
2016年11月17日	9 976	9 328.4	9 007.1	9 034.8	9 359.6	8 787.1	39 666.9

续表

日　　期	实际客流量	DLP-WNN	BP	ELM	ELMAN	GRNN	VMD-GA-BP
2016年11月18日	11 838	10 820.0	10 980.3	9 969.8	9 945.0	10 483.1	19 101.7
2016年11月19日	7 707	6 278.7	9 330.1	8 661.8	9 060.1	7 797.5	39 126.8
2016年11月20日	10 349	8 418.9	9 294.9	8 803.6	9 662.2	9 587.2	19 137.8
2016年11月21日	9 970	8 432.7	8 726.6	8 440.9	9 280.6	8 464.4	40 262.1
2016年11月22日	8 092	8 171.8	9 795.3	8 312.7	8 642.3	8 892.1	17 400.2
2016年11月23日	8 358	9 148.5	9 810.6	9 606.3	9 230.7	10 109.1	37 592.6
2016年11月24日	8 808	9 189.3	8 797.3	8 733.1	9 672.6	9 352.5	18 707.6
2016年11月25日	10 965	10 415.8	10 576.0	10 110.5	9 960.0	11 462.5	39 527.1
2016年11月26日	5 698	6 171.5	9 585.4	9 266.5	9 003.0	8 567.3	17 293.5
2016年11月27日	7 524	7 949.0	7 528.1	9 591.7	9 896.9	10 256.8	37 944.7
2016年11月28日	6 946	8 103.6	8 461.8	8 910.1	9 745.2	8 085.8	17 604.7
2016年11月29日	5 987	8 128.9	7 512.2	8 585.1	8 288.5	8 186.4	38 026.7
2016年11月30日	9 708	9 064.9	7 746.7	9 142.4	7 944.9	8 490.6	17 779.6
2016年12月1日	7 833	8 592.2	8 896.6	8 066.3	7 994.5	9 978.8	40 059.3
2016年12月2日	9 468	9 539.2	7 553.9	9 565.6	8 856.2	9 752.4	18 699.8
2016年12月3日	5 209	4 942.1	8 049.6	8 228.3	8 141.2	7 375.8	38 999.5
2016年12月4日	7 704	7 451.1	7 183.6	7 766.1	8 197.8	8 296.2	18 390.3
2016年12月5日	6 817	7 639.5	7 041.4	7 993.7	7 582.3	8 098.6	39 346.6
2016年12月6日	6 924	7 982.4	6 749.9	6 717.6	6 724.0	7 858.2	17 345.5
2016年12月7日	7 934	8 666.7	8 757.3	8 465.9	7 704.0	8 546.1	38 213.6
2016年12月8日	8 375	8 483.0	7 766.7	7 635.3	7 667.6	9 941.3	19 341.8
2016年12月9日	10 996	9 442.1	9 383.7	8 677.0	8 127.0	9 050.0	40 132.3
2016年12月10日	5 424	4 948.6	8 436.6	7 391.2	7 360.9	7 132.3	17 573.5
2016年12月11日	7 750	7 187.0	7 376.1	7 915.1	8 193.9	8 671.0	38 095.3
2016年12月12日	6 949	7 392.5	6 958.2	7 564.7	7 988.1	8 765.5	17 417.8
2016年12月13日	6 696	7 307.4	7 119.5	7 138.9	7 106.4	8 337.3	37 194.0

续表

日　期	实际客流量	DLP-WNN	BP	ELM	ELMAN	GRNN	VMD-GA-BP
2016年12月14日	8 046	8 234.5	7 999.1	8 582.1	7 302.2	8 464.7	16 523.6
2016年12月15日	8 755	8 223.4	7 828.0	7 568.7	7 663.6	9 282.2	39 023.5
2016年12月16日	11 078	9 318.5	9 972.8	9 085.2	8 586.4	9 542.0	19 102.2
2016年12月17日	10 421	4 995.7	8 642.6	7 753.5	7 708.4	7 358.6	40 314.5
2016年12月18日	11 578	6 817.7	9 592.1	8 011.6	8 473.1	8 838.8	20 138.3
2016年12月19日	7 278	7 098.5	9 739.4	8 132.9	8 832.7	9 058.6	39 132.2
2016年12月20日	9 333	7 467.3	9 079.1	7 911.5	8 893.3	9 059.2	18 397.6
2016年12月21日	10 313	8 235.1	8 574.3	8 425.4	8 867.5	8 935.8	39 587.9
2016年12月22日	8 131	8 245.8	10 088.2	8 591.8	8 603.8	9 331.6	18 301.3
2016年12月23日	9 953	9 360.5	10 076.5	10 138.4	9 731.8	12 467.3	38 170.9
2016年12月24日	5 502	5 114.7	9 325.5	9 141.8	10 125.0	14 334.3	17 549.4
2016年12月25日	6 130	6 439.9	8 063.2	10 257.8	10 376.3	14 649.7	36 407.0
2016年12月26日	6 418	6 770.8	6 667.9	9 036.6	8 918.2	20 866.4	18 122.1
2016年12月27日	6 507	7 194.7	7 347.8	8 738.4	8 166.0	20 008.4	37 959.0
2016年12月28日	7 066	7 955.7	8 280.6	9 602.7	8 193.4	19 985.9	16 373.1
2016年12月29日	7 643	7 992.0	7 496.5	8 549.6	7 885.0	20 019.1	38 539.1
2016年12月30日	13 362	11 033.8	8 935.6	8 878.9	8 292.6	23 897.8	21 819.2
2016年12月31日	8 688	8 164.7	9 905.8	7 704.6	7 262.1	25 037.0	40 071.1